本书获上海美术学院高水平建设项目经费资助

星汉灿烂出其里

——廖炯模艺术人生的文化思考

陈燮君 著

上海大学出版社

图书在版编目（CIP）数据

星汉灿烂出其里：廖炯模艺术人生的文化思考/陈燮君著.—上海：上海大学出版社，2018.9
ISBN 978-7-5671-3213-9

Ⅰ.①星… Ⅱ.①陈… Ⅲ.①廖炯模—人物研究 Ⅳ.①K825.72

中国版本图书馆CIP数据核字（2018）第173907号

责任编辑 柯国富
技术编辑 章 斐
装帧设计 谷夫平面设计

书　　名 星汉灿烂出其里——廖炯模艺术人生的文化思考
著　　者 陈燮君

出版发行 上海大学出版社
社　　址 上海市上大路99号
邮政编码 200444
网　　址 www.press.shu.edu.cn
发行热线 021-66135112
出 版 人 戴骏豪

印　　刷 上海颛辉印刷厂
经　　销 各地新华书店
开　　本 787×960 1/16
印　　张 5.5
字　　数 110千
版　　次 2018年8月第1版
印　　次 2016年8月第1次
书　　号 ISBN 978-7-5671-3213-9/K·186
定　　价 58.00元

廖炯模 《毛主席像》 水粉画 1967 年

廖炯模 《〈五朵金花〉电影海报》 水粉画 1959 年

廖炯模 《〈甲午风云〉电影海报》 水粉画 1962 年

廖炯模 《延边即景》 水粉画 25cm×33cm 1963 年

廖炯模　《北国风光》　油画　80cm × 100cm　1997 年

廖炯模 《童年走过的路》 油画 63cm × 57cm 1999 年

廖炯模 《沃野》 油画 54cm×73cm 2000年

廖炯模 《层林尽染》 油画 45cm × 72cm 2001 年

廖炯模 《赣南农舍》 油画 65cm × 81cm 2003 年

廖炯模 《待发》 油画 100cm×140cm 2005年

廖炯模 《康乃馨》 油画 73cm×92.5cm 2003 年

廖炯模 《秋韵》 油画 70cm×90cm 2013年

廖炯模 《玄圃积玉》 书法

目录

前言

从鼓浪屿的童年飞出艺术之梦，到鲁美学子大展艺术宏图，再到海上扬起璀璨的视觉风帆，廖炯模先生从艺已跨越60多个春秋。

廖炯模先生的艺术人生是与共和国的文化艺术事业的勃兴同步发展的。在全国颇具文化影响力的《五朵金花》《刘三姐》《甲午风云》《自有后来人》等电影海报的成功创作见证了新中国电影事业的长驱直入。一批反映故乡鼓浪屿、江南古镇、北国风情、海岛诗赋、大山魂魄、异国光色的水彩、水粉、油画作品的问世直面了新中国美术事业的崛起与跌宕，风华与转型。从艺育人的金色年华留下了美丽的传说和动人的故事。访问德国、俄罗斯、日本、澳人利亚、泰国和绘画作品走出国门，在美、日、法、德、俄、丹、荷各国及东欧、东南亚各地展出的艺事，深刻地演绎了当代中国艺坛的开放意识及其践行。先后出席第四届全国文学艺术界联合会代表大会，参加第五届全国美术家代表大会，被选为中国美术家协会理事，当选台湾民主自治同盟上海市委委员、中国人民政治协商会议上海市委员会委员、台盟中央委员会候补委员、上海文学艺术界联合会委员、上海建筑艺术学会副会长、上海水彩画研究会代会长、上海现代国际交流画会副会长、上海美术家协会理事兼艺术委员会委员，受邀任上海油画雕塑院特聘画师，任中国油画学会理事，担任多届全国和上海美术展览评委，参加多届全国美展及重大邀请展，多种画报、画册、报刊刊登作品、进行专题介绍……充分展示了尊重、参与、责任和担当。廖炯模先生的艺术人生已融入上海乃至全国的文化艺术历史及磅礴壮丽的艺术实践。

魏武挥鞭，星汉灿烂。《观沧海》把我们带入了“挥鞭逐鹿”的境界：“东临碣石，以观沧海。水何澹澹，山岛竦峙。树木丛生，百草丰茂。秋风萧瑟，洪波涌起。日月之行，若出其中。星汉灿烂，若出其里。幸甚至哉，歌以咏志。”探析廖炯模先生艺术人生的舒展屐痕、视觉语言的艺术个性、绘画创作的文化守望、从艺育人的品格磨砺，对他的艺术人生进行文化思考，可谓“百草丰茂”“洪波涌起”“日月之行”“星汉灿烂”。

一

南风、北魂与睿智的海上艺术精神：艺术人生的舒展屐痕

“绿水青山知有君，白云明月偏相识。”廖炯模先生以高远的艺术大志、扎实的学院经历、勤勉的创作状态和丰硕的艺术成果编织了艺术人生，并赢得了盛誉。纵向相观，在他的艺术人生的舒展履痕中清晰地凸显了三个“文化支点”。

1. 南风习习：鼓浪屿的童年飞出艺术之梦

廖先生的油画《童年走过的路》把我们带入了他的艺术起步之年。画中蓝天白云，阳光明媚，绿树成荫，补色闪烁。这是童年时天天走过的小径，起伏之势熟记心中；这里的一砖一瓦都显“细节”，它们构成了童年梦中的形象和情景；这里的楼房、门窗、石阶、云影显得平凡，却流淌着儿时记忆、童年情怀，有“一种高贵的单纯和一种静穆的伟大，既在姿态上，也在表情里”，“就像海的深处永远停留在静寂里，不管它的表现多么狂涛汹涌”。画中自然有鼓浪屿的浸润生活每个角落的节奏、旋律，音乐在这里“就是阳光和雨露”，“就是生活态度和生活方式”。

廖炯模先生原籍台湾台北，生于福建厦门鼓浪屿。他 6 岁进厦门旭瀛书院读书，毕业后，就读厦门资深的隐居学者李禧老先生的私塾，在古文和书法方面打下了良好的基础。后来进入厦门市立中学初中部学习，毕业后升入厦门省立高中。无疑，廖先生的艺术之梦的起始在于陪伴终身的“鼓浪屿情结”。他的父亲刚正不阿，曾受到孙中山先生的接见。母亲勤劳善良，热爱艺术，经常带他来到海边，任凭海浪拍打身子，领略大海的美与节奏的启迪：浮天无岸，波如连山，溢浪扬浮，飞沫起涛，状如天轮，五岳鼓舞……大海的磅礴之美给童年的廖先生留下了极为深刻的印象，蕴含在他以后的创作中，挥之不去，继而转化为豪情壮怀：“自古及今，莫不有落落之豪怀，英英之气岸，吞河岳以为雄，贯星虹而俱灿。若游鱼之逝渊，而犀然莫窥；若雕鹗之横空，而风高独战。虽劫烬而不灰，至海枯而不变。”

鼓浪屿还有声岛、琴岛和诗岛之美名。海浪自然有声，“罔象迷冥，大人忽生，混沌初窍，呀然震惊。二仪吐形，万灵吐英，天机动制，轧而为声。至于大雷殷空，万窍吼风，不为之隆；品物磨旋，羽足动发，不为之末；未若人声，与天通功，与物长雄。口吻之启，出天厥躬；道机之张，腾凌鸿濛。其所闻者，羲黄唐虞，继踵而至，宇宙隘其神，造化侔其智，在声之伟也，得不回天而动地？”鼓浪屿与琴声有缘。鼓浪屿是钢琴之岛，琴声从岛上的建筑中飞出，是岛上美妙之音，也是和谐之声，这些建筑门窗中响起的旋律始终伴随着岛上故事的讲述，廖炯模的童年是“有声有色”的。他听着教堂里吟曲会的乐曲成长，熟悉岛上远远飘来的神奇的钢琴声，很小就记住了洛根・皮尔索・史密斯的名言：“人们孜孜不倦地追求难以企及的完美，尽管他们所追求的只不过是一架古老钢琴的敲击声，这是这徒劳的星球上，唯一让我们的生活最有意义的事情。”是鼓浪屿的琴声，让他渐渐喜欢巴赫的《二声部创意曲》《法国组曲》和《F 大调意大利协奏曲》，慢慢懂得为什么说巴赫“不是小溪（巴赫的德文名字 Bach 是小溪的意思），是大海”！他的作品是“一切音乐中最惊人的奇迹”！巴赫在音乐创作上最惊人的成就是使复调音乐达到了高度的成熟并最终完成了赋格形式。巴赫的音乐作品严谨经典，强调逻辑性与哲理性，他是欧洲文化发展中承先启后的枢纽人物。廖炯模先生慢慢熟悉了斯卡拉蒂奏鸣曲。斯卡拉蒂奏鸣曲中充满了意大利的清朗俊秀的旋律、深沉婉丽的和声、丰富多彩的转调手法，还带有西班牙音乐的明快清刚的节奏风格，成为古典乐派钢琴音乐的共识蓝本，被称为海顿和莫扎特等古典主义乐派的先驱。廖炯模先生对莫扎特的钢琴奏鸣曲和协奏曲情有独钟，他竭力品味莫扎特钢琴奏鸣曲的典雅气质和热情甜美，莫扎特钢琴协奏曲的抒情华彩，关注音色对比和主题对比；他细细体验莫扎特作品中的“音乐神童的奠基”“维也纳古典乐派重要代表人物的气质”和“古典主义音乐典范的旋律”。廖炯模先生把莫扎特的音乐创作原则藏入了心里：“我把欢乐注入音乐，为的是让世界感到欢乐，”他也渐渐感悟：“莫扎特的音乐表面上看起来热情开朗、纯朴率真，但实际上有着深刻的内涵。他的音乐被后人誉为‘含着眼泪的微笑’。莫扎特的伟大在于他只用最简洁的音符和音乐手法，表现出了最深刻的思想感情和人生经历。”廖炯模先生喜欢贝多芬的钢琴奏鸣曲和交响曲，他从贝多芬的“集古典主义之大成，开浪漫主义之先河”的天才创作中，渐渐了解了贝多芬扩充了奏鸣曲式的结构，强化了表现力。贝多芬打破了过去各乐章之间以及主题与副主题之间调性关系的陈规，使调性色彩更为丰富，适合表现更为波澜壮阔的内容。他首先在交响曲中使用谐谑曲，并在轻快的节奏中表达严肃端庄，甚至是悲壮肃穆的情绪，把谐谑曲写得风起云涌，气概贯虹。他在《第九交响曲》中加入人声，成为交响曲史上的一大创举。他率先在第六交响曲上写下了《田园》的标题，预示了浪漫乐派标题音乐的问世。他极重视音乐中的力度处理，曾在一个125小节的乐章中写下了95个强弱记号。他擅长写变奏曲，曾用一个主题写成33段钢琴变奏曲。廖炯模先生不会忘记诺贝尔文学奖得主罗曼·罗兰在他的《贝多芬，创造者》一书中的至理名言："他不是牧羊人，他是率领牛群的公牛……在描绘他的肖像的同时，我也描绘了他的同类——我们的世纪。我们的梦，我们自己……欢乐。不是灵魂在阴暗一隅将自己吞噬的粗俗的欢乐，而是为战胜苦难折磨而挣扎奋斗的欢乐，是战胜自我的欢乐，压倒并拥抱命运的欢乐……巨硕的公牛张着狂暴的眼睛昂着头，屹立于高山之巅、深渊之侧，吼声回荡，超越时代……"廖炯模先生尽情享受舒曼的《阿贝格变奏曲》《狂欢节》《6首赋格曲》《大卫同盟舞曲》等一系列富有诗意的作品，着意领会为什么说舒曼是19世纪的进步浪漫主义艺术最卓越的代表人物之一，"鼎沸的热情、激烈的冲动或兴奋的浪漫想象，是他的音乐最普遍的特色"；"在音乐史上，舒曼是最大胆的革新者之一，他力图扩大音乐的范围和表现方法，在音乐中更精确、更具体地反映出现实。因此舒曼极力将音乐写得同文学、诗歌非常相近。他大胆地提出并解决了许多新的创作问题，他革新了音乐形式，创造了自成一家的风格"。廖炯模先生经常谈及肖邦的钢琴协奏曲、《夜曲》和《圆舞曲》，仰慕这位音乐史中最神秘最富诗意生命的钢琴诗人，在以后的生命里程中，不断加深理解肖邦是怎样大胆突破传统进行创新的，如何深入挖掘和丰富了前奏曲、练习曲、叙事曲、夜曲、即兴曲和谐谑曲等一系列音乐体裁潜在的艺术表现力，赋予新的内容。肖邦那充满激情和诗意、具有民族特色和独特个性的作品对19世纪后半叶的浪漫主义音乐，及各民族乐派的兴起，乃至对于整个近代音乐的发展，都产生了积极而深刻的影响。廖炯模先生对圣－桑的优秀作品如数家珍：歌剧《桑孙与达利拉》、第三交响曲、大提琴协奏曲、交响诗《骷髅之舞》、第二钢琴协奏曲、第三钢琴协奏曲、第五钢琴协奏曲、第三小提琴协奏曲和小提琴与乐队的《引子与回旋随想曲》等。他被圣－桑的旋律流畅、和声典雅、结构工整、配器华丽、色彩丰富的音乐特色深深折服。廖炯模先生欣赏德沃夏克的《斯拉夫舞曲》和《圆舞曲》，常常向朋友介绍，“他有舒伯特式的旋律天赋，往往反映大自然和田园色彩的配器恰到好处，妙趣天生，不露斧凿之痕。他对曲式的掌握和在和声、对位的功力上都表明他是一位强有力的音乐大家。他在他的音乐中将民族主义感情美妙地与古典主义融为一体。”鼓浪屿的声岛、琴岛和诗岛的童年记忆在廖炯模先生的生命里程中刻骨铭心。今天，鼓浪屿有了钢琴博物馆，就是定格“琴岛”的艺术形象。这里有19世纪上半叶美国制造的“士坦威”钢琴，奥地利的“博森多福”钢琴，德国皇室专用钢琴，十分夺目的镏金钢琴，世界上最早的四角钢琴，最大的立式钢琴，最老的手摇钢琴，脚踏自动演奏钢琴，八个脚踏四套琴弦钢琴，把一百多年来世界钢琴的制作史在琴岛上完整地加以展示。音乐是画，音乐是诗，画中有节奏、旋律和张力，音乐的启迪在本质上是廖炯模先生的艺术的启蒙、学习美学的起步，是他日后在绘画领域播种、开花、结果的生命逻辑的必然。

鼓浪屿真是一个“应该有艺术之梦的地方”。她的美丽和诗情让人始终魂牵梦萦。罗达成在《鼓浪岛上觅诗魂》中说到，鼓浪岛像一位罩着洁白面纱的仙子，不肯轻易让人看清她的大姿国色。这个空灵、奇俏的小岛，连同它小巧玲珑的楼台亭阁，亮亮闪闪的万千灯火，不知是被大海的浩渺烟波迷蒙了，还是被天上的茫茫云雾遮没了，全都似见似隐，时灭时现……何为的《白鹭和日光岩》则把我们实实在在地带进了鼓浪仙境：“从厦门搭渡轮到鼓浪屿只消几分钟，登了岸，走不上数十步就踅进曲曲折折迷人的街小巷。窄窄的甬道高低起伏，依山而筑。”“长巷仄径，庭院深锁，疑是无人居住，忽然随风吹来飘忽的钢琴声，钢琴诗人肖邦的《升F长调夜曲》带着春日迟暮的气息，明亮而又迷茫。芬芳的音符款款飘垂，飘垂在小巷深处，犹如瓣瓣落花消逝在春水里。这个小岛上，没有车马之喧，纵横交错全是诗意馥郁的街巷，全是阳光、鲜花和音乐。”鼓浪屿还有万国建筑博览会的美称，岛上各式建筑，精彩纷呈，展示着异样的风情和美丽。鼓浪屿不过 2 平方公里，却有着 1000 余幢别墅。寻觅鼓浪屿的花园胜景、桥栏曲廊、亭台楼阁、窗棂轩柱，可悟“卧看浮云天作幕，醉邀明月海为怀”，“荷香池上下，亭影月西东”，“江月不随流水去，天风直送海涛来”，“长桥支海三千丈，明月浮空十二栏”，“江干云木郁青苍，雨后风轻入望凉。十二洞天秋一色，独吟人坐万花香”。在鼓浪屿的“万国建筑”中，黄奕住、黄仲训、李清泉、杨忠权等华商精英的建筑，凸显了鼓浪屿建筑文化的性格和基调，而林尔嘉先生营造的菽庄花园，被视为典范。菽庄花园“当春秋佳日，登高望远，海天一色，杳乎无极，斯园虽小，而余得以俯仰瞻眺，咏叹流连于山水间，亦可谓自适其适者矣”。菽庄花园与台北板桥林家花园同属林家，一脉相承，邻隔海峡，姊妹双园。与台北板桥林家花园的“院落布局，游廊贯穿；模山范水，巧于因借；花窗工艺，自成一格；诗文楹联，怀旧自勉”的艺术特点相映照，菽庄花园的景观特色以“藏海”“补山”著称，旧有“十景”之说，即“藏海五景”眉寿堂、壬秋阁、四十四桥、听潮楼和招凉亭，“补山五景”顽石山房、十二洞天、亦爱吾庐、率真亭和小兰亭；今有“十二景”之称，即长桥藏海、枕流漱石、千波渡月、海阔天空、直率清漪、印心听涛、石屏招凉、板桥莲影、十二洞天、壬秋诗阁、眉寿古趣和顽石山房，充分反映了“藏海补山，巧于借景；立意高远，家国兼济；私园布局，公园空间；中西合璧，动静互映”的艺术特征，既有中国园林相地布局、崇尚自然的文化意识，又有中西通融的审美自觉，还有闽南建筑的优雅造型，显现了藏海补山的气势和清秀端庄的风韵。菽庄花园里从来就不缺诗文吟咏，当时园林吟咏声不断，有征诗、寿庆和结婚纪念，有“寿菊会”“三九会”“买诗店”“七七消夏会”“九九消寒会”等吟咏活动，还有日常的社课雅集、击钵联吟、叠韵唱和，诗文声连绵，人文味甚浓。值得指出的是，菽庄花园的造园文化体现了“爱国爱家情怀”：“澄清天下之志，关注家国兴亡。”其“补山”即补山之胜，隐含山河破碎、亟待修补之意；“藏海”即藏海之宽，隐寓把山河揽入祖国怀抱，不容欺凌之意。菽庄花园直面大海，背倚青山，历经沧桑，更显风华，可谓“在海风激荡的缥缈光影中千波渡月、枕流漱石，看风起潮落，唱岁月长歌”。鼓浪屿的丰富的建筑文化遗产为廖炯模先生日后对于祖国各地建筑文化的向往和激发经久不衰的创作热情提供了“起始动力”。

鼓浪屿的阳光和花海以及光色的奇妙变化使廖炯模先生的艺术之梦从起飞之时就带有绚丽的色彩。关于鼓浪屿的花色、花香、花海，我曾读到这样的文字：深巷里花香浮动。合欢树细枝密叶柔柔地沿街飘拂。凤凰木成堆的树叶，绿色的层层云片，掩遮着一幢幢小楼，影影绰绰的。墙头藤萝蔓生，时或有一丛丛早开的象牙红悄然探出头来，喜孜孜地红艳照人。2014年，我到厦门出席中国博物馆协会第六届会员代表大会，我抽空来到鼓浪屿写生。在写生采点和对景创作的过程中，我特别留意廖炯模先生童年生活过的环境色，举目望去，花园里，小径旁，连片的金蕨、鸟巢蕨、石韦、穗花杉、三角枫、观音莲、星点藤、合果芋、常青藤，阳台边，花台上，满目的紫锦草、鱼尾冠、洒金榕、观叶天竺葵、绿叶爬墙虎、金线吊乌龟、六方藤、虎耳草、猴子埕、豆瓣绿、大邓伯花、鸡冠花、文殊兰、桃金娘、鹰爪花、山椒子、蒲桃、球兰、猫尾、虎颜花、米兰、黄槿、大红花、夜合花、金丝桃、紫薇、跳舞草、石仙桃等，五彩斑斓，好一部经典观赏花卉图册，隐含了千变万花的光色之谜！在草坪铺装中镶嵌的艺术汀步延伸着漫步空间，信步一边的花池，转角的小景、孤赏树、坡地植被等景观一览无余。那一池睡莲，鱼藏莲下，溪水淙淙，更显幽静，令人心旷神怡。漫步于鼓浪屿的花海树荫，楹联诗句会油然而生：“有襟海负山胜概，以栽花种竹怡情”；“行过桥栏四十四，悬崖吹下草花香”；“倚定谈瀛轩外立，净中闻得藕花香”；“觅句桥阑闲徒倚，千波亭外浪花香”；“揪局消闲兴味长，不知瀛海种红桑”；“观菊也曾过菽庄，听潮楼下万花黄”；“桥下一渠添勺水，阶前万种列盆花。绿杉落日司空屋，黄草秋风老杜家。可有渔人寻晋魏，偶同农父话桑麻。高吟四壁飞天籁，兀坐忘机树影斜”；“青山树里新蜗屋，红蓼花时小鹭洲”；“领取祖香清气味，自从海外到于今”。

廖炯模先生的童年艺术之梦从鼓浪屿飞出，从起始之时就决定了其文化眼光、人文之意、综合素质和艺术高度。

2. 北魂苍茫：鲁美学子大展艺术宏图

如果说鼓浪屿美丽的自然和人文环境激励了廖炯模先生艺术之梦的起飞，那么鲁美的经历使廖炯模先生走上了美术专业的通途，并在专业领域赢得了盛誉。

廖炯模先生后来回忆起“北上铸北魂”的经历，十分感慨。他说，高中毕业后，正是1952年，全国大专院校统一报考，自己填了鲁艺作为第一志愿。当在报纸录取榜上看到自己的名字时，真是喜出望外，没曾想，这就是走上艺术道路的第一步，并终身献给这一事业，至今已有六十多个年头。鲁艺（全名“鲁迅文艺学院”），创建于1938年的延安，从延安搬到沈阳之后改称东北鲁艺，这时的鲁艺已没有文学部，只有音乐、戏剧和美术三个部门。1953年戏剧部并入辽宁艺术剧院，音乐和美术两部则各自成立音专和美专，1958年分别改为沈阳音乐学院和鲁迅美术学院。鲁艺美术部有绘画系、图案系和雕塑系三个系，廖炯模先生被分配在图案系（后改工艺美术系）装潢专业。毕业后不久，因系主任乌密风先生知道廖先生热爱绘画，就任命他为图案系绘画教研组组长。这一时期，廖炯模先生主要从事素描、色彩等绘画基础教学，经常带学生下乡下厂体验生活，搜集素材，创作了不少人物画和风景画。为长春电影制片厂制作的《五朵金花》《刘三姐》《甲午风云》《自有后来人》等12幅电影海报在当时遐迩闻名。《五朵金花》兼有绘画性和装饰性，“刘三姐是山水间的人物，我就用水粉画的，色彩很漂亮，也是图案色彩。画《甲午风云》邓世昌，我就用版画形式，视觉冲击力比较强”，《自有后来人》则用了素描的方法。绘画的经典性和电影海报语言的鲜明个性，加上那个时代百姓对于长影片子的苦苦期盼，使廖先生创作的电影海报不胫而走，家喻户晓。《五朵金花》和《甲午风云》在全国电影宣传工作会议上被评为最佳电影海报，。《五朵金花》《刘三姐》《甲午风云》和《自有后来人》这四张电影海报在20世纪60年代上半叶还走出国门，在东欧展出，在长春电影制片厂周年庆典的纪念集中也留下佳话，直至今天有关电影海报的鉴藏文章，每文必提，依然好评如潮。

“北魂苍茫”，那个时代的鲁美的专业艺术环境使廖炯模先生很快熟悉了俄罗斯油画。范迪安先生在《历史的温度——中央美术学院与中国具象油画》（高等教育出版社2015年版）的前言中说：“通过引进以油画为主的苏联美术教育经验，通过公派留苏学习与举办马克西莫夫油画研究班，也通过自己组织的油画研究班和组建艺术名家的教学工作室，中央美术学院的油画教学焕发出蓬勃的生机，突出地表现出将外来油画的经验与中国审美传统相融合的特征，这种油画教学不是狭隘的‘写实’，而是在整一的艺术观念中展开朝向深度的探索，体现了将油画进行本土转化的意识，书写了油画新的品格内涵。”廖炯模先生逐渐熟悉了俄罗斯博物馆和特列恰科夫国家画廊的藏画，了解

“巡回展览画派”崇尚的“美就是生活”，“艺术家的使命不在于追求那些不存在的美，也不在于美化现实生活，而在于真实地再现生活”，“对生活现象作出裁判”。克拉姆斯科依、谢罗夫、列宾、苏里科夫、雅罗申科、维·瓦斯涅佐夫、萨夫拉索夫、希什金、库因吉、列维坦、瓦·谢罗夫等19世纪后半期的优秀现实主义画家的作品进入了他的视野，师生们热议克拉姆斯科依的《伊·伊·希什金肖像》《天文学家、院士奥·瓦·斯特鲁韦肖像》、马科夫斯基的《晚牧》、雅罗申科的《画家伊·尼·克拉姆斯科依肖像》、维·瓦斯涅佐夫的《十字路口上的勇士》、希什金的《造船木树林》、列宾的《伏尔加河上的纤夫》《扎波罗什人给土耳其苏丹王写信》《国务会议》《赤足的列夫·托尔斯泰肖像》、库因吉的《乌克兰的傍晚》《第聂伯河上的月夜》、苏里科夫的《攻陷雪城》《苏沃罗夫越过阿尔卑斯山》《斯杰潘·拉辛》、列维坦的《湖》《寂静》，瓦·谢罗夫的《孩子们》《公爵夫人济·尼·尤苏波娃肖像》《彼得二世和公主伊利莎白外出行猎》《伊达·鲁宾施泰因肖像》、卡萨特金的《捡煤渣》……19世纪20世纪之交的现代诸流派的作品也引起了师生们的兴趣。

鲁美的师生也关注现实主义的创作方法和历史画的创作。一般认为，西方历史画起源于古埃及、美索不达米亚和古罗马，流行于文艺复兴时代的欧洲诸国，兴盛于17世纪到19世纪初。传统的历史画在表述方式上往往是叙事的，绘画语言则多为写实，除了注重史实的真实、历史规律的遵循外，还重视艺术的提炼和文化的记忆。十月革命将俄国的绘画艺术带入了一个新的历史时期。20世纪30年代以后，社会主义现实主义的创作方法既继承了19世纪俄国现实主义的绘画传统，又坚持表现革命的内容和苏维埃新的生活画卷，涌现了约甘松、普拉斯托夫、阿·格拉西莫夫、谢罗夫、柯林、梅尔尼科夫等一批有影响的画家和一批历史画。20世纪40年代，苏联卫国战争时期及战后相当长的一段时间，表现爱国主义内容的绘画成为主旋律。尽管有的作品难以摆脱教条主义、公式化、概念化的局限，但毕竟诞生了一批具有艺术感染力和历史穿透力的精品力作。布罗茨基的《巴库26名人民委员被枪杀》为文献性革命历史画，艺术地表达了人民委员视死如归的英雄气概。捷伊涅卡的构成简练、雄强潇洒的《彼德格勒的防卫》，梅尔尼科夫的构图诗化、语言酣畅的《波罗的海军人的誓言》，拉克提奥诺夫的阳光灿烂、热爱和平的《前线来信》，格里戈里也夫的青春焕发、激情横溢的《加入共青团》，弗·亚·谢罗夫的构图饱满、亲切和谐的《列宁接见农民代表》，莫伊谢延科的唤醒记忆、讴歌壮丽的《红军来了》和《胜利》等历史画都产生过重要影响。亚·亚·杰伊涅卡的《塞瓦斯托波尔保卫战》、格·米·科尔热夫－丘韦列夫的《举旗的人》和《国际歌》也随着中苏文化交流的深入而逐渐为中国人民所熟知。从中华人民共和国建立之初到50年代中期，我国画家也创作了一批重要的革命历史画，如徐悲鸿的《人民慰问红军》（1950年）、艾中信的《1920年毛主席组织马克思小组》（1950年）和《东渡黄河》（1955年）、王式廓的《参军》（1951年）、吴作人的《过雪山》（1951年）、胡一川的《开镣》（1950年）、周令钊的《“五四运动”》（1951年）、罗工柳的《地道战》（1951年）、董希文的《抢渡大渡河》（1950年）等都关注历史画的艺术提炼和文化记忆。廖炯模先生和鲁美的师生在教学与创作实践中显然受到了现实主义的创作方法和历史画的创作的深刻影响。

在鲁美的日子里，廖炯模先生开启了艺术史的探索和研究。廖炯模先生从工艺系的绘画教学出发，和师生一起系统梳理中华美术史，叩问旧石器时代的石器，新石器时代的石器和玉器，原始时代的绘画、雕塑艺术、建筑和手工艺，青铜器的产生与发展，先秦文字和陶艺，秦汉书画、雕塑、工艺美术，魏晋南北朝时期绘画、石窟塑像、陵墓雕刻陶俑和工艺美术，隋唐宋元书画建筑和石窟寺艺术以及明清文脉和以后的西画东渐，整体探研悠悠中国美术史中不同时期、不同阶段的人文气象、美术风貌、画家流派、代表作品、创作方法和风格演变，为美术教学和创作实践打下了良好的美术史基础。在研究中国美术史的同时，廖炯模先生和师生们一起又打开了西方美术史的大门，领悟爱琴和古希腊美术的魅力，感叹伊特鲁里亚和古罗马美术的不凡，了解中世纪美术时期的拜占庭艺术、罗马式艺术和哥特式艺术，逐一探索文艺复兴时期“乔托的觉醒、马萨乔的启示、多纳泰洛的造型、波提切利的韵味、达·芬奇的‘纯正’、米开朗琪罗的‘激越’、拉斐尔的‘优雅’、贝里尼的开创、乔尔乔内的建树、提香的追求、委罗内塞的快乐戏剧、丁托列托的视角”以及尼德兰文艺复兴美术和德国、法国、西班牙、英国文艺复兴美术的波澜起伏，巴洛克艺术、罗可可艺术、新古典主义、浪漫主义、写实主义、印象主义和现代主义艺术也从艺术史的意义上激励着廖炯模先生以及鲁美的师生。

廖炯模先生较早接触到印象派艺术，而且及时地在鲁美工艺系的学生中掀起了探索、学习印象派艺术的热浪。廖先生回忆说：大约在20世纪六七十年代，当时鲁迅美术学院图书馆进了一批印象派的画册。翻开画册，那响亮饱满的色彩立刻就把我吸引住了，感到又震撼又惊喜。因为之前从来没有机会接触到这些，当时的主流是学习苏联的“苏派”艺术。当接触到西方的诸如印象派艺术后，艺术的视野一下子就打开了。感觉色彩一下亮起来，漂亮极了。只可惜，按照当时学校的规定，这些画册只能给老师看，却不对学生开放。那时候，学校的绘画系更强调社会主义现实主义的创作方法，而我所在的工艺系则更重视色彩，所以我想，应该让学生看到这批画册。于是，我就把学生带进图书馆去观赏和临摹。实际上早在20世纪三四十年代，上海的老一辈油画家比如林风眠、刘海粟、潘玉良、关良、周碧初、吴大羽等大家都已经深受印象派的影响了，当然有几位本身是留法的，印象派的色彩、造型、风格等在他们的作品中都有所反映。廖炯模先生在研究和践行印象派艺术的过程中，进一步认识了印象派的来龙去脉及其艺术特征。随着工业革命的到来和科学技术的突飞猛进，欧洲绘画艺术也以前所未有的更迭速度迅速展开：19世纪，以法国为核心的欧洲绘画艺术，先后经历了新古典主义（约1780—1810年）、浪漫主义（约1810—1830年）、现实主义（约1830—1870年）、印象主义（约1870—1886年）、新印象主义（约1880—1990年）和后印象主义（约1878年至20世纪初）等几个主要的艺术思潮。印象派是一个重要的艺术流派。从马奈与莫奈的艺术哲理，到西斯莱和毕沙罗的绘画风情，德加和雷诺阿的艺术世界，强调“阳光下的作业”，留驻瞬间的光色变化，让观赏者“参与绘画创作”，力图客观地描绘视觉现实中的瞬间片刻，从而使绘画艺术与新兴的照相技术得以各取所长。他们对光学进行了解、探索并应用于艺术实践。他们探索表现大自然的方法，记录下瞬间的感觉印象和艺术家所看到的充满生命力和运动的韵律。他们有时把对象当作“平面的色彩图案来画，而不太注意其重量和体积，有时用强烈的碎笔来描绘室外光、运动和感觉”。“有史以来第一次把画家从传统的以题材为中心的创作方法中解放了出来，主张把重点放在绘画艺术的组成部分——颜色、色调与材料上”。印象派绘画色彩明亮，笔触灵动，用笔舒展，画面感强，从而“告别了西方漫长的古典美学”。在“北魂苍茫”时期，对于印象派艺术的研究和探索，成了廖炯模先生的十分重要的艺术经历。

3. 睿智的艺术精神：海上扬起璀璨的视觉风帆

1975年1月，廖炯模先生调到上海，初任上海戏剧学院美术系油画教研组长。1980年美术系取消，改任舞台美术系绘画教研室主任。

1984年调任上海大学美术学院油画系第一任系主任。廖炯模先生在教学和创作实践中，融汇了睿智的海上艺术精神，扬起了璀璨的视觉风帆。

上海是典型的近代崛起的城市，它走的是由商而兴的发展之路和开放之路。上海是受西方影响最大的城市，也是近代化起步最早、程度最高的城市，又是中国最大的港口城市和最大的多功能经济中心城市，亦是全国的文化中心之一。近代以来，上海不仅是中国接触、介绍、传播、接受、消化西方科学技术最为集中的地方，而且是中国科学技术研发、转化和推广的中心。上海是中国最早引进、使用和推广电话、电报、电灯、汽车、自来水、煤气等公用设备和技术的城市，在工业技术、建筑技术、工程技术、河道疏浚技术及通信、交通技术的引进和研发上，都走在全国前列。随着鸦片战争以后的对外开埠，上海倚江枕海的地域优势开始显现，但是外国列强和各色冒险家也开始闯荡上海。欧风东渐，西人东来，西方物质文明输入，西方生活方式潜移。与此相适应，新型文化传媒长驱直入，外文报刊开风气之先。据介绍，1911年以前，在中国境内共有136种外文报刊，上海出版了54种，占39.7%，其中英文34种，法文10种，德文3种，日文7种，《北华捷报》《字林西报》《中法新汇报》和《德文新报》等曾产生广泛影响。书信馆和有线电报、电话问津，石印、铅印和机器动力等近代西方先进的印刷技术率先在沪引进与推广，西学传播基地崛起，江南制造局翻译馆、广学会、商务印书馆等声名鹊起，公共文化设施已有起色，徐家汇天主堂藏书楼、工部局图书馆、亚洲文会北中国支会图书馆、格致书院藏书楼、圣约翰大学图书馆以及徐家汇博物馆、上海博物院、上海格致书院博物馆等图书馆、博物馆已成为上海文化生活的重要载体，教会学校和其他外侨学校进入教学视野，教科书的改革已经起步，学术文化演变，海派艺术斗艳，新型知识分子群开始形成，大众文化体现活力，娱乐文化出现新的时尚……上海的文化事业依赖现代商业经营方式，转化为现代都市图景的生动的文化景象。城市的开放、社会的动荡、文化设施的进一步营建、新式文化事业的兴起、文化人才的聚散，松动了原有的文化发展之链，更新了文化观念，重组了文化氛围，改变了文化环境，重塑了市民和知识分子的文化心态，新文学、新剧、现代出版业、都市教育、电影事业、市民文化、城市流行文化、新闻传播、人文社会科学、科学技术、城市建筑和体育事业有了新的变化发展。国外文化思潮和观念的传播日益增强，莫泊桑、都德、普鲁斯特、福楼拜、爱德孟·龚古尔、罗曼·罗兰等法国著名作家的作品竞相被介绍进来，美国文学及文学理论也受到重视，西方音乐、绘画、戏剧等对上海文化艺术产生了较为深刻的影响。20 世纪 20 年代，英国著名哲学家和政治活动家罗素，美国教育家门罗，世界著名物理学家爱因斯坦，俄国盲诗人、著名的世界语作家爱罗先珂，印度著名诗人、哲学家泰戈尔等都先后访问上海，进行演讲、讲学等文化活动，促进了中外文化交流。出版业在发展中各具特色。商务、中华、世界、大东、开明等大型出版机构体现综合特点，儿童书局、中医书局、法学书局、中国农业书局、上海杂志公司、立信会计图书用品社等则带有专业性特征，徐胜记、三一画片公司、环球画片公司、正兴画片公司、华美画片社等以出版美术画片、月份牌和年画为主，扫叶山房、校经山房、文瑞楼、著易堂、千顷堂等又以出版木刻、石印线装书为重点。20 世纪到来之后，上海加快了城市近代化的进程，当然，其城市近代化的进程带出了一些有个性的城市景观和文化现象。文化积累的城市化突破，具体表现为城市文化设施的建立和完善，逐步形成了城市文化中心；剧团兴起，演员汇集，展览业兴起，演出市场活跃，逐步形成了文化市场的运作机制；城市生活提高了文化含量，在城市运作和管理中逐步渗入文化因素；城市文化交流的渠道增多，频度加快，力度变大，在涵盖领域、空间跨度上有明显的变化；教育、体育、建筑和精神生活迈开了城市化的步伐……文化积累的城市化突破进一步强化了上海文化—科技—经济—社会动荡性互动的趋势。在文化积累的城市化突破的过程中，出现了有待研究的都市市民文化和与其紧密相连的移民文化、城市流行文化。城市的规模拓展、区域推进、科技引进和教育发展会对都市市民文化产生深刻影响。电影的问津、戏剧的演变、小说的构思、城市文化市场的形成与都市市民生活相互联系，甚至难舍难分。创刊于1925年10月的《生活周刊》重视城市中下层阶级的文化圈，1926年问世的《良友画报》注意都市气息，关注新潮的生活方式，把目光盯住正在兴起的、具有较强消费能力的年轻的城市中产职员阶层，在都市市民生活的另一层面寻找读者和画报追踪的市民文化生活热点。唱片业、广播电台、书场和广告业的迅速发展，又使戏曲作为城市流行文化深入市民，使香烟牌子、年画、月份牌等作为特定的文化符号悄悄地融入城市流行文化。都市市民文化和与其紧密相连的移民文化、城市流行文化的孕育与发展，导致了文化积累的城市化突破。或者确切地说，两者是城市文化发展的多重表述。方世聪先生在《素描，从历史走来》一文中谈道："20世纪初，我国激进的知识分子为了开拓视野向西方学习，形成了第一次出国大潮，艺术家留学法国的居多，英国、日本次之，他们学成回来后不少开办了学校和画室。"张充仁先生诞生在家境平凡的世家，得其父张少圃园艺匠的聪慧和母亲纯厚善良的遗传，孕育出了他那外柔内刚、执着朴实的性格。1914年，张充仁因母亲早逝而进入土山湾美术工场随爱尔兰籍导师习素描及法文，开始接触西洋的铅笔画、水彩画、油画和雕塑艺术。1911年，周湘在上海董家渡天主教堂创办了上海油画院，稍后又有张聿光、乌始光和刘海粟等人创办的私立上海美术院，后改为上海美术专科学校。在江浙，又有了颜文樑创立的私立苏州美专、徐悲鸿等人主持的中央大学艺术系、林风眠主持的国立艺术专科学校、陶行知创办的行知艺专等。与此同时，还涌现出一批美术社团和私人画室，氛围和做法与当时的巴黎和东京很相似。派别众多，思想十分活跃，既有传统的写实主义为主的作风，又有中西合璧和现代派风格的探索，那时的主要社团有“东方画会”“决澜社”“艺苑”“上海美术会”“中华美术独立协会”等。相继出现的较知名的私人画室有张充仁画室、孟光画室、李咏森画室、哈定画室等。上海为艺术家提供了良好的发展基础和文化艺术环境。

廖炯模先生积极投身于上海戏剧学院的美术教学之中。上海戏剧学院有很好的美术教育和创作氛围，从这里走出了一批在全国有影响力的画家，至今被美术界称为“上戏现象”。廖炯模先生的到来，无疑为这个活跃的美术群体增添了功力和活力。我曾多次问过廖先生，在上海戏剧学院是如何教学生的？廖老师脱口而出，教学生画画，当然要把他们带入艺术发展史，要从造型、素描、结构、色彩、节奏等基本功讲起，要讲黑白灰、精气神、真善美、光与色、充实与空灵、实景与意境、意境创作与人格涵养、美术与音乐，……我们要经常像宗白华先生一样提问：“我们寻到美了吗？我说，我们或许接触到美的力量，肯定了她的存在，而她的无限的丰富内容却是不断地待我们去发现。”廖先生还为此写下了专题提纲：艺术要多元，塞尚开启了“现代艺术之父”的艺术道路；艺术大气才能铸就艺术之大器，吴昌硕、潘天寿的艺术可谓大气也；罗尔纯的艺术实践说明艺术不需要克隆，艺术也不应该克隆；黄宾虹的艺术探索启迪我们，笔墨的行走应在“似与不似之间”，“江山如画正在于江山不如画”；绘画要倡导辩证唯物主义和历史唯物主义；教师要当好美术教授，理应成为一个好画家，但天职是奉献和教书育人，身教胜于言教；艺术不能“赶浪潮”，不能一味“搞时尚”；艺术要纯真，不能功利，急功近利者，不可取，也不能成器；从本质上说，绘画艺术只有具象与抽象两种，任何画派概莫能外；艺术与技术，既有联系，但又有区别；……对此我还多次上门，对廖炯模先生进行专题采访。2016 年 2 月 27 日下午，在上海西郊红松路廖先生的寓所，廖先生说：在上海戏剧学院教学生时，我经常讲，搞艺术的人要为艺术奉献生命，艺术是为心灵的净化而生的，艺术中值得珍惜的是“精神的力量”“文化的力量”；画画要有基本功，笔触、色彩、造型是基本功，素描、解剖、透视也是基本功，基本功的训练是无止境的；飞得再高，也要回到地上来，“不能拎着脑袋在天上飞”；画画应该提倡多元，可以强调变形，我学过图案，知道抽象和变形，但画面的主流是写实，还是要从基础走来；“画肖像”要画出对象的神情和精神气质，不要只追求“形似”，而要求“神似”；画画要达到“极致”，达到“极致”就是一尊铜像，八大山人、齐白石、黄宾虹等都达到了“极致”，是一尊尊铜像……廖炯模先生正是以这些艺术思想教导学生，让他们在技法以及科学方法论的不同层面上熟悉艺术、热爱艺术、研究艺术，以致于“为艺术而献身”。廖炯模先生是上海大学美术学院油画系的第一任系主任。由于笔者也在上海大学美术学院担任博士生导师，因此谈起上大美院的话题我们异常兴奋。廖先生说在上大美院迎来 25 周岁生日时，他写过《溯源感怀》一文，回忆了那些美好的日子：从无到有，经小到大，美院从凯旋路到上大路，这成长之快，变化之大，真是人间正道是沧桑。筚路蓝缕，沐浴春风，没有改革开放，难以想象。然而，每当油画系老师聚在一起时，总会不时地叨念“那段旧时光”。我们不是喜欢和留恋那里的环境和教室，而是怀念当时的人气和氛围。因为那段时间，条件虽然苦，但我们却共享了教学和创作丰收的喜悦和欢乐。

确实，在上海的日子里，廖先生有太多的“教学和创作丰收的喜悦和欢乐”：1989 年，《现实与未来》参加了第七届全国美展；1991 年，《金色村庄》参加了上海美术作品展；1992 年，《早春二月》参加中国当代油画展；1993 年，《山雨欲来》参加中日国际交流画展；1994 年，《康乃馨》参加第二届中国油画展；同年，《童年走过的路》参加第八届全国美展优秀作品展；1998 年，《延边秋色》参加“1998 中国国际美术年”；1999 年，《馨》参加第九届全国美展油画展；2001 年，《瑶家女》等参加上海水彩画展；同年，《层林尽染》参加 2001 上海美术大展；《萌》入选第十届全国美展……廖炯模先生融汇了“习习南风”“苍茫北魂”和“睿智的海上艺术精神”，扬起了璀璨的视觉风帆。

二

色彩、结构、节奏与抒情：视觉语言的艺术个性

廖炯模先生经常说：艺术家以作品说话。廖先生在 60 多年创作生涯中，成果累累。除了画出脍炙人口的电影海报，他的水彩画、水粉画、油画创作取得了令人瞩目的成就。

在廖炯模先生的绘画作品中，色彩的演绎、结构的把握、节奏的驾驭和抒情的魅力始终是他的视觉语言的艺术个性。

1. 色彩的演绎

如果说“有色彩的鼓浪屿”给了廖炯模先生更多的是对色彩的感性认识，在鲁美时期，廖先生对色彩有了更多的理性认识，那么在上海时期的创作和教学实践中，廖先生对色彩有了更自觉、更自信的理解和演绎。廖先生高度重视色彩，强调黑白灰，他认为绘画中讲黑白灰不仅仅是“光与色”的问题，还有黑白对比。要从多个层次上来谈黑白关系。“色彩是油画的灵魂”，从形式上来说，油画表现色彩是最丰富的。到了印象派时期，画面颜色一下子亮起来了。这是为什么呢？颜色并置是很重要的一点。廖先生曾经带领学生做过实验，先在一块画布上把黄色和蓝色不加调和、并列地点在上面，再在另一块画布上把黄色和蓝色混合之后涂在上面。虽然呈现出来的都是绿色，但退后一看，在颜色并置的那块画布上绿色明显亮很多，这种响亮的视觉效果正是印象派的色彩贡献之一。后期印象派凡·高、高更和塞尚也在色彩学的探索和实践上作出了重要贡献。凡·高有着火焰一样的热情，大胆使用原色，点线用得比较多，作品中把主观感受夸张、强化地表现出来。在高更的作品中没有传统意义上的光影，如果有一点点投射，那也是相当主观的。他使用固有色和环境色，作品平面化、主观化。高更的作品色块对比强烈，色彩饱和。大面积的红绿色并置使用是高更的一大特色，这两种很难协调的颜色在他的笔下却被处理得格外得当并富有特色。高更的作品原始、质朴而带有东方色彩，你还可以从他的画面上“闻到浓郁的泥土味”，这和他在塔希提岛的生活体验、创作经历不无关联。塞尚在作品中用自己独特的方法表现物象的体积，他不是用色阶的黑白明暗关系，而是借助色素的冷暖配合以及饱和高低的运用而得。后期印象派在色彩的运用上更加注重表现自我，展示个性。他们不愿“如实地反映、模拟客观对象”，而是用艺术家的激情和感悟去演绎“作品应有的色彩”。廖先生的许多朋友和他的学生说到，廖先生在专业方面、绘画技术上给大家最有启发的在于他对色彩的理解和演绎，他的色彩是非常讲究“调性”和“调质”的。

廖先生十分重视色彩基础理论在绘画创作和教学中的重要意义。廖先生耐心地打开学生对色彩的理性认识之门：色彩是可见光刺激眼睛的感色细胞所产生的视感觉。光照射到不同物体上，一部分被物体吸收，另一部分被物体反射，被反射出的光波组成了我们见到的色彩。如光照射到红色物体上，它将橙、黄、绿、青、紫等色光吸收，只将红色光反射出，因此我们只见到红色。如果一个物体将所有的色光全部吸收或全部反射，我们便见到了黑色或白色。颜色有原色、间色和复色之分。原色是指其他任何颜色都调和不出来的色彩，但原色以不同比例混合却可以调出任何色彩。原色包括红、黄、蓝三色，它们是构成各种色彩关系最基本的色彩。间色又称二次色，指三原色中任意两种颜色调配而产生的颜色，其中红黄蓝各占一半时互相调配所得的橙、绿、紫三色叫三间色。复色是原色与间色、间色与间色相调而产生的颜色。它经历了多次相加、调配的过程，因此又称为再间色或三次色。复色中必然包含了所有的原色成分，只是各原色间的比例不同，从而形成了不同色彩倾向的灰调色。色环是在彩色光谱中按照红、橙、黄、绿、青、蓝、紫的光谱顺序排列，将开头的红色连接到末端的紫色拼成环形的色带。同类色是在色相环中相距 15° 以内的色彩，邻近色是在色相环中相距 15° —90° 的色彩，对比色是在色相环中相距 120° 以上的色彩，互补色是在色相环中相距 180° 的色彩，位于色环直径的两端。互补色是对比关系最强烈的对比色。讲到色彩属性，会涉及明度、纯度和色性。明度即色彩的明暗程度。明度最高的是白色，黄色次之；最低的是黑色，紫色次之。任何颜色中调入白色，必会提高混合色的明度，调入越多越明亮，调入黑色则情况相反。纯度是指色彩的鲜浊程度，即纯净度，也称饱和度、含灰度等。它是由色彩中含灰量的多少决定的。颜料中三原色纯度最高。任何一种色彩与黑、白、灰或其他色彩相混都会降低纯度，混入的成分越多，纯度降低得越多。色性有暖色和冷色之分。物体色彩可分光源色、固有色和环境色。物体的高光是明度较亮的光源色；亮面是固有色 + 光源色；灰面是光源色 + 固有色 + 环境色；明暗交界线是低明度和低纯度的固有色；暗面是固有色 + 环境色 + 暗色，明度和纯度低于反光；反光是固有色 + 环境色 + 暗色，更多地受到环境色的影响；投影是投影面的固有色 + 投影面所受反光，明度与纯度很低。色彩的对比有色相对比、明度对比、纯度对比、色性对比、面积对比、同时对比和连续对比等，色彩调和则分同类色调和、同种色调和与对比色调和等。色彩的感觉除了有冷暖感外，还会有重量感、空间感、情绪感等。色彩使人联想，色彩的象征在绘画中是常用的手法。运用色彩，贵在掌握色彩的变化规律，如要研究色彩的冷暖对比。总的来说，亮部冷则暗部倾向暖，反之，亮部暖则暗部倾向冷。在暖色环境中的灰性色有冷的倾向，在冷色环境中灰性色有暖的倾向。固有色相同而且在同样光照情况下，一般近处较暖，远处较冷；近处冷暖对比较强，远处冷暖对比较弱。物体亮部色彩的冷暖，光源色暖，亮部色彩则暖；光源色冷，亮部色彩则冷。暗部色彩的冷暖受固有色与环境色两个因素的影响。究竟哪一个因素起主导作用，应看固有色纯度的高低，环境色影响的强弱；同时，应看它亮部和背景的对比。中间调子色彩的冷暖，以固有色起主导作用。因为它受光源色和环境色的反射都较弱，而介于亮部色彩与暗部色彩的冷暖之间。高光色彩的冷暖，主要以光源色的冷暖为转移。但高光不甚强烈时，其冷暖为光源色和固有色共同作用。反光部分色彩的冷暖，主要是环境色的影响，固有色次之。明暗交界线的冷暖，介于亮部与暗部之间，一般多以固有色加暗即可。投影色彩的冷暖和暗部色彩的冷暖有统一性。同时要考虑三方面情况：一是投影物体的固有色，二是与亮部的冷暖对比，三是光源色与环境色反射的影响。一般强调以一方面的因素为主，同时兼顾其他。还要探索色彩的强弱变化。物象距离我们眼睛越近，色感越强，反之则弱。在明度相同、距离相同的情况下，暖色的原色强，冷色的原色弱；暖色原色比复色强；原色比灰色强，色彩越接近原色越强，反之则弱，灰色最弱。色彩黑白、冷暖对比越大的越强，越小的越弱。晴天和阳光下的物象色彩对比强，阴天和弱光下的色彩对比弱。室外色彩对比强，室内色彩对比弱。色彩纯的强，反之则弱。纯度相近的色彩配置在一起会相互减弱，纯度差异大的配置在一起，则相互衬托。大块色彩比小块色彩对比强。色彩并置的强，混合在一起则弱。

其实，如果把色彩关系放在“黑与白的世界”中周旋，又会悟出许多新的方法和哲理。从色彩心理学的视角谈色彩，会引发许多新的话题。对于西方风景画形成之前的“棕色调”可以进行深入的研究，这对以后西方风景画家“把光视为大自然的生命”和印象派探索“光与色的瞬间变化”都有新的启迪。邓福星的《论美术》（中国文联出版社 2014 年版）专门阐述了“光与色”的问题。

克劳德·洛兰的《以撒和贝加的婚姻》虽然取材于《旧约全书》“创世纪”中的故事，但画家已经注意到对光的表现。画中的远山、城堡、河流、桥梁以及近处的大树都沐浴在夕阳柔美的光线中，画中的人物与自然融为一体。他的另一幅作品《德鲁基河》得到透纳的赞赏，透纳评价这幅作品时说：“金黄色的东方、琥珀色的天空、正午的天空和飘着云朵的蓝天，灿烂的山谷长着茂密的灌木的平川，带着夏日的炎热气息的树枝。他的作品内容丰富、和谐、真实和清晰，表现出远近的空间距离、大气的光和色。”（迟轲主编：《西方美术理论文选》，四川美术出版社 1993 年版，第 276 页）

透纳的作品的确更突出地体现了光的效果。他至少以两种方式表现大自然中的光：即“低调”的和“高调”的。《巴塔米亚湖》《长列的栈桥》《渡船遇难》等属于“低调”的处理，就是在描绘夜晚或阴暗的景象时，在深暗色调中有 两处光亮的局部，这类作品多产生一种沉重、强烈的效果。“高调”处理手法，就是绝大部分画面保持明亮，如以大面积为天空或光亮的海面。这类作品可举《待风的邮船》《希拉伊顿的旧吊桥》《泰晤士河的朝露》等为例。

柯罗是习惯于以逆光手法表现阳光的画家，近处景物（多是树林、人物）因背光又重又暗，远方的天空、色彩、地面、建筑物等被阳光照射得格外光亮，于是，这两部分便形成强烈的反差，从而也形成一定的深远感。

列维坦的《白桦林》是又一种情况，阳光透过林叶的缝隙照射下来，零零碎碎地洒在草地上。风景画家普遍重视光在作品中的作用。正如卢梭所说：“可以说句大话，一切都应该服从的——就是光……在艺术作品中体现的光——就是普遍的生命。”（［英］雅夫尔斯卡娅：《法国巴比松风景画》，上海人民美术出版社 1987 年版）

擅长“色彩的演绎”是廖炯模先生作品的一大亮点。我特别喜欢他的《秋韵》对于秋天的“光和色”的准确捕捉。远处的白色的建筑呈现出秋景中的深沉端庄，微蓝的天色反映出秋高气爽，这种蓝在金黄的秋叶中闪烁，形成美丽的互补，满目的树叶还带着刚刚过去的盛夏的热烈和豪健，季节性地走向了斑斓的黄色，有金的跳跃，有红的闪动，象征着凝重和酣畅。《秋韵》的赏读让我们自然联想到韩冰在《耐得寂寞》中对大兴安岭的秋景的出色描述：“大兴安岭的秋天，映荡着飘零的美，白桦树、樟子松、云杉、柞树林那密密匝匝的浓阴疏空了，抬头可以望见宝石蓝的天空和一行行南飞的群雁。林间，秋阳如一缕缕金湛金湛的光箭，温暖迷人。风是神秘的，……从沼泽和灌木间飘来，带着阵阵浓烈的酒味，摇曳着树枝，叶儿跳动着霞光，仿佛带着成熟的沉甸甸的思索，一片片、一簇簇，飘绕下坠，铺满每寸丰沃土地……”在《秋韵》前还会浮现美国艾温·威·蒂尔在《秋野拾零》中对于秋天色彩的精彩描绘：“过了一夜，我们在曙光中再停立在踏脚石的桥畔，环顾这一片彩色世界，仿佛一夜之间，又添了新色。桦树和白杨的树枝都披上金色，一丛丛的荚蒾都蒙上紫红。我们头上，一根枫树枝伸展到密西西比河源头的河面，猩红、金黄和橙色搀和的树叶，衬托着秋天的蓝空。明尼苏达一片好秋光，不但是在艾塔斯卡湖区，我们游踪所至，都仿佛置身彩色世界中，绚烂瑰丽，变化万千。叶子的生命虽然快要结束，但是秋叶并没有半点离情别绪，一片片的叶子在生命旅程的尽头翩然飞舞。”在廖先生的作品前，我最喜欢循着这些神奇灵动的色彩探寻“色彩演绎”的思维路径及其艺术践行轨迹。

2. 结构的把握

廖炯模先生在创作和教学实践中十分强调对绘画结构的认识及其把握。他说，中国画讲究线条，雕塑讲究结构，其实，油画也有结构问题。绘画作品中的构图、构成和视觉图式都有结构问题，色彩也有“结构的诀窍”，色彩的结构还联结色彩的层次。如老屋的结构往往是和斑驳的色彩结构相统一的，老屋中有岁月的积淀，剥落的墙面、斑斑驳驳的感觉和老屋的肌理结构相联系。在绘画史上，塞尚更注意造型和结构的创新，创造了著名的结构主义，直接影响了后来毕加索的立体主义。

平时，和廖先生来往接触比较多，我们除了探讨绘画的色彩外，讨论最多的是绘画的结构，后来，我们更加自觉地对“绘画色彩”与“绘画结构”进行“一体化”的研究。探索和践行“绘画的结构”，首先是一种“绘画的创作方法和艺术手法”。从教学的角度说，画油画不可能只讲色彩，不讲结构。形体有结构，色彩也有结构，在创作实践中应有“结构论”的自觉把握。在完善形体结构时应有色彩结构的主动追求，在推进色彩结构时应有形体结构的同时建构，确切地说，在绘画创作中，形体结构和色彩结构应同时体现、逐步完成。在色彩结构上力求敷彩中见结构、张力中见滋润、简约中见璀璨，在色彩的时空表达上力求各个维度的科学统一、时间空间的交叉和整体局部的相通。一般而论，油画是讲究结构的艺术，它以成比例的线条，以遵循色彩法则的颜料，依据透视和结构的原理描绘有形的物体，不仅能在一个平面上表现出物体的厚度和立体感，而且还能表现出结构和动态，把它们的多种功效和气韵鲜明地展示在人们的眼前。在艺术史上，伦勃朗从创作草图阶段就往往确立主题对象的形体，亦确定对象结构，包括空间分布和明暗对比，对于色彩结构在最初也有清晰感受。这些草图既帮助我们走近“正在艺术初创阶段”的大师，也有利于我们深入了解大师对于结构、色彩等具体的艺术方法。塞尚被称为是“用色彩造型”的大师，在协调和创新形体结构与色彩结构方面为后人留下了宝贵的艺术遗产。《黑色的大理石钟》是帮助理解塞尚尝试探索结构的一幅较好的作品，在这幅画中，尽管带有一些毕沙罗的影响，然而他已对绘画结构进行了独立的思考，对结构的表达有了新的视角和方法。《玩牌者》是塞尚最出色的人物画之一，对两位玩牌者的形体结构和色彩结构的描述有了更多的个性化表达，给观赏者一种理性的魅力和无穷的回味。《暖房中的塞尚夫人》在人物的形体造型和色彩结构的表达上有了更新的探索：夫人的头部被画成椭圆，颈部、胸部、手臂、下身分别画成圆柱和圆锥体。整个画面以色彩的浓淡进行造型，放弃了传统的光影法。这一作品对后来的立体派绘画产生了深远的影响。塞尚常常以内在稳定的结构来体现画面的和谐。他的晚年最优秀作品之一《大浴女》以浴女们的三角形稳固结构为核心，使整个画面呈现出一种清晰的秩序感。而中央虚拟的空间结构，则反映了纵深感。在人体造型上强调人与自然的“结构的和谐”，增添了富有现代韵味的美感。《静物——苹果》用新颖的结构方法表现了对象的强烈的体积感。从1882年至1900年间，塞尚完成了大量的风景画作品，他说：我尝试只用色彩来表现透视，一幅画中最主要的东西是表现出距离。由这一点可以看出画家的才能。自然的万物都可以用球体、圆锥体和圆柱体来表现，那就是根据透视法则，使物体块面的前后左右都集中在中心的焦点上。这表示宽度的水平平行线是一种自然界的划分，而与水平线交叉的垂直线会增加深度。他的风景画《圣维克多山风景》就是用这种方法重新构造全新的物象，而内在的“结构”是这幅画的灵魂。

在结构的把握方面，廖炯模先生有许多“示范作品”。《沃野》有着“超稳定的结构”，在“结构性阐述”中显现沉厚之气，可谓在构图中涵雄秀，在结构中见遒力。廖先生的《沃野》的稳定的结构和博大的意境让我们联想到老舍的《草原》：“这次，我看到了草原。那里的天比别处的天更可爱，空气是那么清鲜，天空是那么明朗，使我总想高歌一曲，表示我的愉快。在天底下，一碧千里，而并不茫茫。四面都有小丘，平地是绿的，小丘也是绿的。羊群一会儿上了小丘，一会儿又下来，走在哪里都像给无边的绿色绣上了白色的大花。那些小丘的线条是那么柔美，就像没骨画那样，只用绿色渲染，没有笔勾勒，于是，到处翠色欲流，轻轻流入云际。这种境界，既使人惊叹，又叫人舒服，既愿久立四望，又想坐下低吟一首绮丽的小诗。在这境界里，连骏马与大牛都有时候静立不动，好像回味着草原的无限乐趣。”廖先生的《周庄晨曦》的结构在沉稳中见生动，在简约中求变化，告诉我们晨曦中的周庄将迎来平凡而忙碌的一天，在这里将发生许许多多构成历史又属于百姓的美丽的故事。《水滨》的结构是水天一色、苍茫一体。《古镇僻巷》的构成体现了自然风光的璀璨与老屋建筑的斑驳的互映、现实生活与历史文脉的统一、受光色彩的亮丽与阴影色彩的含蓄的天然一体。廖先生对于绘画结构的自觉把握和成功创作同样是十分难得的。

3. 节奏的驾驭

廖炯模先生喜欢音乐，在画画的过程中总有旋律和节奏相伴。他甚至说过这样的话：“后来我到了鲁迅美术学院学习绘画。但我喜欢音乐超过喜欢美术。音乐感人的程度超过美术。听悲伤的音乐我们动情之处会哭，但看了悲伤的美术作品之后很少有哭的。”相信我们都会准确理解此话，廖先生把美术选择为终身的事业已经说明一切。他在这里充分表达对音乐的热爱，实在是真情流露。在他的画中有音乐，在他的作品中感受得到节奏，在他的创作过程中有旋律的飞跃，这些都是关于廖先生的“美术的旋律”“节奏的驾驭”的佳话。廖先生经常回忆当年的鲁艺有音乐部、戏剧部和美术部，其实音乐和美术是很难分开的。廖先生认为，音乐是时间艺术，里面有节奏，有时间的长短，有各种乐器的协调配合。油画是一部交响乐，那里面有色彩的交响，有各种节奏的呈现，油画要有形象、造型、构图、色彩，块、面、点、线，律动、节奏等，油画这门“视觉艺术”也综合地涵盖律动和节奏的驾驭。画家们用不同的调式演奏各自的乐曲，有交响的，有奏鸣的，有委婉低沉的，有激昂高亢的，抑扬顿挫，各显特色。在艺术史上，具有多种画派的精神内涵和艺术品味：古典的，浪漫的，写实的，印象的，但都饱含着时代的韵味和气息。“节奏的驾驭”应成为画家的基本的历练。

我曾多次听到廖先生谈绘画的节奏问题，我在绘画研究和创作实践中也反复体悟“节奏的学问”。确实，创作时要把握节奏，节奏会带来旋律，节奏会使画中之气连贯，节奏会有效地走向和谐。大百科全书告诉我们，节奏是音乐最重要的形式要素，从最早期、最幼稚、甚至没有明确音高的原始音乐起，直到最复杂、最丰富、含有和声、复调的多声音乐，都离不开节奏。在节奏中，实际上包含了音的强弱和长短两种不同的简单基本要素在内。节奏的最小单位是节奏型，不同的节奏型有不同的性格和表情，它们好比是音乐生命体上有活力的细胞。一连串的节奏型前后相继时，通常由节拍把它们组织起来，散板除外。节拍是要求重拍周期性地出现的强弱配置规律的格式，它作为一个潜伏在低音区或隐藏在欣赏者内心的规律性框架，起组织节奏型的作用。节奏型的多样性和重拍周期的统一性结合在一起，大大加强了音乐的艺术魅力。与节奏节拍紧密相连的是速度和力度。由节奏组织起来的一系列乐音，在高低方面呈现出有秩序的起伏呼应，就形成了曲调，产生了旋律。在科学方法论上对音乐和美术的节奏问题进行“对应性”思考，我们能够更自觉、更自信地驾驭绘画的节奏。马奈的《瓶中的百叶蔷薇》在灰调中见璀璨，在画面中花束看似被随意地插入花瓶，其实被隐含了一种“生活的节奏”。对称的画面依赖略微左倾的花瓶而打破，有一种微妙的动感和“节奏”的融入，“静物不静”，动中有静。莫奈的美学哲理主要是探索表现大自然的方法，记录下瞬间的感觉印象和他所看到的充满节奏感、生命力和运动的韵律。他把对象当作平面的色彩图案来画，而不强调其重量和体积，用强烈的碎笔触来描绘室外光、运动、节奏和瞬间感觉。美国大都会博物馆收藏的莫奈于 1883 年画的《埃特塔特的悬崖》也是反映绘画节奏的佳作，画家用强有力的笔触以绿色、米色或粉红色表现深入海中的石灰岩的质感，起伏的海涛有节奏地拍打着岩壁，仿佛能真切地听到海浪的声音，阴暗部与阳光照射部形成强烈反差，画面充满光阴色彩、动静对比、节奏动态和生命活力。塞尚的《白杨树》中有“S”形小径上的白杨树，那些斜笔触以及在笔触间利用浅淡色彩留出的空白使画面十分透气，叶片则在随风抖动，画面的节奏感很强，在动态中求得平衡。塞尚的《蓬图瓦兹的加莱山坡》作于 1880 年至 1881 年，画了蓬图瓦兹附近的一个可俯瞰瓦兹河谷的山坡，偌大的空间按和谐的节奏分布成众多图形，这是对自然节奏的一次视觉新探索。

廖先生的不少作品是对绘画节奏的很好的诠释。《北国风光》的画面的中下部用变化的动态的空间切割显示了北国之地在纵横里求冲和，在圆浑中求律动，生命勃发，节奏内含，知白守黑，有无相生。在《赣南农舍》中已经隐去了“日出而作，日落而息”的“遥远的节奏”，让人清晰地在“记住乡情乡愁”的同时，演绎了时代的节奏和气息。《待发》的构图十分平稳，然而在动荡的水波光影中，明快地映衬了待发时的灵动、跃然、急切和企盼。《闽江船》《土巷》和《霁》等作品努力反映江湾、小巷和乡镇保持了良好生态环境的自然节律、对子孙负责的“绿色节奏”。

4．抒情的魅力

廖炯模先生直言不讳："基于音乐对我的影响，所以我画的风景比较优美，很抒情的。"何谓"抒情"？廖先生说，我们从历代辞赋中就可以找到许许多多的"抒情文笔"。

这是对"江"的情感："咨五才之并用，实水德之灵长。惟岷山之导江，初发源乎滥觞。聿经始于洛沫，扰万川乎巴梁。冲巫峡以迅激，跻江津而起涨。极泓量而海远，状滔天以淼茫。总括汉泗，兼包淮湘，并吞沅澧，汲引沮漳。源二分于崌崍，流九派乎浔阳。鼓洪涛于赤岸，沦余波乎柴桑。纲络群流，商榷涓浍。表神委于江都，混流宗而东会。注五湖以漫漭，灌三江而漰沛。滈汗六州之域，经营炎景之外。所以作限于华裔，壮天地之崄介。呼吸万里，吐纳灵潮，自然往复，或夕或朝。激逸势以前驱，乃鼓怒而作涛。峨嵋为泉阳之揭，玉垒作东别之标。衡霍磊落以连镇，巫庐嵬崫而比峤，协灵通气，濆薄相陶。流风蒸雷，腾虹扬霄。出信阳而长迈，淙大壑与沃焦。"

这是对"华山"的情思："岳之初成，二仪气凝其间，小积焉为近，大积焉为山。山之大者曰岳，其数五，余尸其一焉。岳之尊，烛日月，居乾坤，诸山并驰，附丽其根。浑浑河流，从禹以来，自北而奔。姑射九塅，荆巫梁岷，道之云远兮，徒遥而宾。岳之形，物类无仪。其上无齐，其傍无依，举之千仞不为崇，仰之千仞不为卑。天雨初霁，三峰相差，虹霓出其中，来饮河湄。特立无朋，似乎贤人守位，北面而位臣。望之如云，就之如天，仰不见其颠。肃阿芊芊，蟠五百里，当诸侯田。"

这是对"月"的情结："若夫气霁地表，云敛天末，洞庭始波。木叶微脱。菊散芳于山椒，雁流哀于江濑；升清质之悠悠，降澄辉之蔼蔼。列宿掩缛，长河韬映；柔祇雪凝，圆灵水镜；连观霜缟，周除冰净。君王乃厌晨欢，乐宵宴；收妙舞，弛清县；去烛房，即月殿；芳酒登，鸣琴荐。”

这是对“春”的情怀：“出丽华之金屋，下飞燕之兰宫。钗朵多而讶重，髻鬟高而畏风。眉将柳而争绿，面共桃而竞红。影来池里，花落衫中。……三日曲水向河津，日晚河边多解神。树下流杯客，沙头渡水人。镂薄窄衫袖，穿珠帖领巾。百丈山头日欲斜，三晡未醉莫还家。池中水影悬胜镜，屋里衣香不如花。”

这是对“寒松”的情咏：“于是白露零，凉风至。林野惨栗，山原愁悴。彼众尽于玄黄，斯独茂于苍翠。然后知落落高劲，亭亭孤绝。其为质也，不易叶而改柯；其为心也，甘冒霜而停雪。叶幽人之雅趣，明君子之奇节。”

这是《采莲赋》的绵绵抒情：“紫茎兮文波，红连兮芰荷。绿房兮翠盖，素实兮黄螺。于是妖童媛女，荡舟心许，鹢首徐回，兼传羽杯。棹将移而藻桂，船欲动而萍开。尔其纤腰束素，迁延顾步。夏始春余，叶嫩花初。恐沾裳而浅笑，畏倾船而敛裾。……泛柏舟而容与，歌采莲于江渚。歌曰：‘碧玉小家女，来嫁汝南王。莲花乱脸色，荷叶杂衣香。因持荐君子，愿袭芙蓉裳。’”

历代辞赋的抒情方法与廖先生的绘画抒情的魅力是息息相通的。廖先生在创作和教学实践中主要的“抒情路径”有二条：

其一，善于描述抒情的自然景色。在廖先生的作品中，对天象云霞、四季变化、山岳岛屿、江河湖泊、乡村城镇、工厂港口、老房新宅、名胜古迹等都有抒情的描绘，其中不乏时空的对话、人文的探研、色彩的领悟、构图的推敲、节奏的驾驭，然而对于“抒情的魅力”廖先生是不会掉以轻心的。

其二，努力寻觅宁静的大自然之美。有一次，廖先生专门给我讲述了“宁静的大自然之美”。到了深夜，我千方百计在书架上搜寻类似廖先生对“宁静美”的各种文字描述。廖先生说到海边星辰的宁静：夜色给大海罩上的那层黑纱，渐渐地变淡了，好似被激荡的海水冲洗得褪了颜色。满天繁星也稀疏了，稀得几乎可以数得过来。……你看，天空开始变暗、变蓝。海面却变白、变亮，而且泛起一层泡沫，闪烁出一片银光，像是一匹奇长无比的缎带。……只有那颗报晨的启明星还在遥远的天际挂着，灿烂夺目，四周环绕着无边无际的柔软的光辉。那是描述海边星辰的宁静。无声，是一种宁静；有声，有时会更显宁静。一夜雨声，带来了盛夏的湿润和丰盈。连梦，也是湿漉漉的。我梦见——渠水淙淙，亮晶晶的浪花欢笑着、喧哗着、拥挤着流进田野了；明天清晨，炊烟也滴着露珠的清晨，有嫩生生、水汪汪的新鲜蔬菜和红艳艳、粉嘟嘟的花儿叫卖……出溪叮叮咚咚，从山顶曲曲弯弯地流淌到山脚，满山的绿树青藤都尽情地吸吮着水的滋润和爱抚；明天清晨，密密的青枝绿叶间闪烁着、流动着露珠的清晨，有美丽的鸟儿衔着朝霞从林中飞来……这是梦中的“有声有色”的宁静。春雪可以带来“白茫茫的有哲理的宁静”：雪花悄然地飘落着。那飞舞的雪花，一朵，又一朵，像是漫天的蒲公英，又像是无数幼小不可名状的生命，在苍茫的夜空中颤动、沉浮、荡漾。神情是那样怡然，变幻是那样神奇。……不知不觉眼前已是白茫茫的一片了。……温暖的春雪没有一丝寒意，悠然的雪花反而给早春的夜晚带来一种诗意的宁静。这是一种“有哲理的宁静”。廖先生记得“寨子早晨的宁静”：街道上是一片潮乎乎的露水气味；树影子渐渐地淡了，星斗渐渐地少了，天空渐渐地高了；寨子上的喇叭花顶着露珠儿开，豆荚子在微风里摇摆，菜饭的香味儿开始飘荡，本来，从每一个院子传出的拉风箱的声音很响亮，这会儿倒变得很低。后来，又是一片宁静。漓江是“宁静”的：漓江的水真静啊，静得让你感觉不到它在流动；漓江的水真清啊，清得可以看见江底的沙石；漓江的水真绿啊，绿得仿佛那一块完整无瑕的翡翠。只有船桨激起一道道水纹，扩散出一圈圈的漪澜，才让你感觉到：船在前进，人在后移。草原之夜是“宁静而安详”的：整个草原沉浸在静夜中。如果这时你披上一件皮衣走出蒙古包，在月光下或者繁星下，你就可以朦胧地看见牧群在夜的草原上轻轻地游荡，夜的草原是这么宁静而安详，只有漫流的溪水声引起你对这大自然的遐想。廖先生的作品正是贵在抒情而宁静。

其三，坚持“诗意行走”。廖炯模先生“从美丽的瑶寨到延边的寂静乡村和秋林，从江西婺源的徽派建筑到浙江黄岩的海边小镇的池塘，都曾留下他的足迹。他深情地凝望着大自然的这一切，俯仰于天地之间，享受着大自然的恩赐。大自然无语，画家早已千言万语涌上心头。瑶寨姑娘眉宇间青涩的笑容、北国边陲乡村的袅袅青烟，千亩油菜花映衬下的水墨徽州，还有那被海风吹了千年的街角上的风铃，这一切的恬静和壮阔，都让他流连忘返。”我曾问廖先生：您写生去过哪些地方？他不假思索地说：井冈山、赣南山区、江西婺源、浙江兰溪、嵊泗、富春江、钱塘江、绍兴、周庄、厦门、福州、惠安、大连造船厂、鞍山、延边、苏州东山、崇明、天山、桂林、台湾……廖先生是以“诗意的行走”努力发现大自然的“抒情之美”“无价宁静”“大地的表情”“极致的坦然”和无穷无尽的质朴、灵性、静逸与雍容。

具有“抒情的魅力”，是廖炯模先生的作品的重要特征之一。《白帆》把观赏者带到蓝天白云、江帆点点的诗情画意之中，尽管运用得依然是浑厚的油画语言，但是抒情之笔酣畅、流淌。《水乡即景》有水的灵动、影的晃荡、树的合唱和山的拥抱，水天一色，追寻已远。《延边秋色》有璀璨秋意，无限秋色，华彩北风，情思绵绵。《河边旧居》留驻了浓浓乡愁、悠悠历史、血脉亲情、文脉传承。《康乃馨》则是演绎了生活的绚丽和亲情的眷恋。

三

从容、坦诚与执着：从艺育人的品格磨砺

廖炯模先生创作教学已经跨越了60多个春秋。在长期的从艺育人的实践中，他脚踏实地，豁达从容，平易近人，坦诚待人，沉健执着，严以律己，自觉磨砺，德艺双馨。

1. 把“从艺育人”作为终身事业，矢志不渝

廖炯模先生是一位具有品格魅力的艺术家和教授。他的学生有小中见大的回忆：在上海戏剧学院上模特写生课的时候，老师和同学们都想找最好的角度来画写生，而廖先生总是等大家都放好了画架，他才找一个缝隙放上他的画架。他遇事总让着别人，所以在学生中威信特别高。多年后，廖先生的许多学生都开个人画展或集体画展，不管天多冷，路多远，廖先生都会赶去参加画展开幕式，由衷地道贺和送上祝愿。他的学生生病在家休养，他还会寄上明信片，写上关爱之词和早日恢复健康的吉语。他对“从艺育人”的人生选择无怨不悔、矢志不渝。他在80高龄后认真写道：“艺术是超时空的，不与岁月同盛衰。只要心境常青，壮志不沉，何惧七老八十。我愿跃马挥刀，再战它几

十回合。我虽已 80 岁，小将们称我为 80 后，我很是开心，老骥伏枥，志在千里，我的一生都在与艺术打交道，我从艺到现在已经有 60 多年了。我想把自己的艺术历程作一回顾和总结。”

在与廖炯模先生多年的交往中，深知他恪守中国文化精神。张岱年、程宜山著的《中国文化精神》（北京大学出版社 2015 版）讲到：文化总是既作为人类在人本身的自然及外部自然的基础上、在社会活动中创造并保存的内容总和而存在，又总是作为一种活生生的创造活动而演化。文化是人类在处理人和世界关系中所采取的精神活动与实践活动的方式及其所创造出来的物质和精神成果的总和，是活动方式与活动成果的辩证统一。文化是一个不断创造的过程，文化是一个动态系统，文化发展有客观自在的规律，文化具有时代性和民族性。中国文化丰富多彩，中国思想博大精深，因而中国文化的基本思想也不是单纯的，而是一个包括诸多要素的统一体系。这个体系的要素主要有四点：刚健有为、和与中、崇德利用、天人协调。其中“天人协调”思想主要解决人与自然的关系；“崇德利用”思想主要解决人自身的关系，即精神生活与物质生活的关系；“和与中”的思想主要解决人与人的关系，包括民族关系，君臣、父子、夫妇、兄弟、朋友等人伦关系；而“刚健有为”思想则是处理各种关系的人生总原则。四者以“刚健有为”思想为纲，形成中国文化基本思想的体系。《周易大传》把自强不息、厚德载物、刚中、及时、道变有机地结合起来，形成一个以刚健为中心的宏大的生活原则体系。廖先生的生命品格和艺术品格是遵循中国文化精神的。他整体地看待“生存的美丽与美丽的生存”和“生存的从容与从容的生存”的辩证关系。他经常自我激励：“这里有许多事让我们去做，有大事，有小事，但最重要的是我们身旁的事。”要“与这个世界温柔相处”，“愿生命从容”，“能经常触摸到历史的温度”，“画油画也要努力凸显山水之魂和文化精神”。廖先生倡导把四季常驻于作品，把性情托付给田园，把宁静还给艺术，让艺术创作成为“心灵之旅”。

廖炯模先生认为“画内功夫”与“画外功夫”理应相通，一个“从艺育人”的艺术家应该博学多才。廖先生精通绘画、音乐、书法，他还是体育的爱好者。他十分高兴地说：“当年在鲁艺创下的跳远的纪录到现在还没有破呢！”廖先生对西洋画素描与中国画的白描及水墨法进行比较研究，很赞成宗白华先生的见解：西洋画素描与中国画的白描及水墨法，摆脱了彩色的纷华灿烂，轻装简从，直接把握物的轮廓、物的动态、物的灵魂。画家的眼、手、心与造物面对面肉搏。物象在此启示它的真形，画家在此流露他的手法与个性。抽象线纹，不存于物，不存于心，却能以它的匀整、流动、回环、屈折，表达万物的体积、形态与生命；更能凭借它的节奏、速度、刚柔、明暗，有如弦上的音、舞中的态，写出心情的灵境而探入物体的诗魂。所以中国画自始至终以线为主。张彦远的《历代名画记》上说：“无线者非画也。”这句话何其直爽而肯定！

西洋画的素描则自米开朗琪罗、达·芬奇、拉斐尔、伦勃朗以来，不但是作为油画的基础工作，画家与物象第一次会晤交流的产儿，且以其亲切地表示画家“艺术心灵的探险史”与造物肉搏时的悲剧与光荣的胜利，使我们直接窥见艺人心物交融的灵感刹那，惊天动地的非常际会。其历史的价值与心理的趣味有时超过完成的油画（近代素描亦成为独立的艺术）。

然而中、西线画之观照物象与表现物象的方式、技法，有着历史上传统的差别：西画线条是抚摩着肉体，显露着凹凸，体贴轮廓以把握坚固的实体感觉，中国画则以飘洒流畅的线纹，笔酣墨饱，自由组织（仿佛音乐的作曲），暗示物象的骨骼、气势与动向。顾恺之是中国线画的祖师（虽然他更渊源于古代铜器线纹及汉画），唐代吴道子是中国线画的创造天才与集大成者，他的画法有所谓“吴带当风”，可以想见其线纹的动荡、自由、超象而取势。其笔法不暇作形体实象的描摹，而以表现动力气韵为主。然而北齐时（550—577年）曹国画家曹仲达以西域作风画人物，号称“曹衣出水”，可以想见其衣纹垂直贴附肉体显露凹凸，有如希腊出浴女像。此为中国线画之受外域影响者。后来宋、元花鸟画以纯净优美的曲线，写花鸟的体态轮廓，高贵圆满，表示最深意味的立体感。以线示体，于此已见高峰。但唐代王维以后，水墨渲淡一派兴起，以墨气表达骨气，以墨彩暗示色彩。虽同样以抽象笔墨追寻造化，在西洋亦属于素描之一种，然重墨轻笔之没骨画法，亦系间接接受印度传来晕染法之影响。故中国线描、水墨两大画系虽渊源不同，而其精神在以抽象的笔墨超象立形，依形造境，因境传神，达于心物交融、形神互映的境界，则为一致。西画里所谓素描，在中国画正是本色。廖炯模先生从小喜爱书法，一路走来，都是书法艺术的佼佼者。他对书法也深有研究和探索，他也关注宗白华先生对于中国书法里的美学思想的演绎：中国文字的发展，由模写形象里的“文”，到孳乳浸多的“字”，象形字在量的方面减少了，代替它的是抽象的点线笔画所构成的字体。通过结构的疏密、点画的轻重、行笔的缓急，表现作者对形象的情感，发抒自己的意境，就像音乐艺术从自然界的群声里抽出纯洁的“乐音”来，发展这乐音间相互结合的规律。用强弱、高低、节奏、旋律等有规则的变化来表现自然界、社会界的形象和自心的情感。近代法国大雕刻家罗丹曾经对德国女画家萝斯蒂兹说：“一个规定的线（文）通贯着大宇宙，赋予了一切被创造物。如果他们在这线里面运行着，而自觉着自由自在，那是不会产生出任何丑陋的东西来的。希腊人因此深入地研究了自然，他们的完美是从这里来的，不是从一个抽象的‘理念’来的。人的身体是一座庙宇，具有神样的诸形式。”又说：“表现在一胸像造形里的要务，是寻找那特征的线纹。低能的艺术家很少具有这胆量单独地强调出那要紧的线，这需要一种决断力，像仅有少数人才能具有的那样。”（海伦·萝斯蒂兹著《罗丹在谈话和书信中》一书）我们古代伟大的先民就属于罗丹所说的少数人。古人传述仓颉造字时的情形说：“颉首四目，通于神明，仰观奎星圆曲之势，俯察龟文鸟迹之象，博采众美，合而为字。”仓颉并不是真的有四只眼睛，而是说他象征着人类从猿进化到人，两手解放了，全身直立，因而双眼能仰观天文、俯察地理，好像增加了两个眼睛，他能够全面地、综合地把握世界，透视那通贯着大宇宙赋予了万物的规定的线，因而能在脑筋里构造概念，又用“文”“字”来表示这些概念。邓以蛰先生在《书法之欣赏》里说得好：“甲骨文字，其为书法抑纯为符号，今固难言，然就字之全体而论，一方面固纯为横竖转折之笔画所组成，若后之施于真书之永字八法，当然无此繁杂之笔调，他方面横竖转折却有其结构之意，行次有其左行右行之分，又以上下字连贯之关系，俨然有其笔画之可增可减如后之行草书然者。至其悬针垂韭之笔致，横竖转折安排紧凑，四方三角等之配合，空白疏密之调和，诸如此类，竟能给一段文字以全篇之美观，此美莫非来自意境，而为当时书家之精心结撰可知也。至于钟鼎彝器之款识铭辞，其书法之圆转委婉，结体行次之疏密，虽有优劣，其优者使人见之如仰观满天星斗，精神四射。古人言仓颉造字之初云：‘颉首四目，通于神明，仰观奎星圆曲之势，俯察龟文鸟迹之象，博采众美，合而为字。’今以此语形容观看长篇钟鼎铭辞如毛公鼎、散氏盘时之感觉，最为恰当！石鼓以下，又加以停匀整齐之美。至始皇诸刻石，笔致虽仍为篆体，而结体行次，整齐之外，并见端庄，不仅直行之空白如一，横行亦如之，此种整齐端庄之美，至汉碑八分而至其极，凡此皆字之于形式之外，所以致乎美之意境也。”对于中国书法里的美学思想的研究有助于廖先生在油画创作中对于东方神韵的把握和隐含中国线条美的尝试探索。

谈到艺术家的博学多才、多科综合，廖炯模先生十分仰慕列奥纳多·达·芬奇。达·芬达创作了《蒙娜丽莎》和《最后的晚餐》，在他的时代已大放异彩。达·芬奇是诗人、思想家、历史学家。在1507年写给红衣主教德埃斯特的信中，他的拉丁语书信格式十分完美流畅。他的藏书涵盖了历史、诗歌、哲学、数学和物理多个方面，从大量的摘录和引文中可见他的阅读范围之广。被称为《大西洋古抄本》的手稿包含了达·芬奇的藏书目录，他一共整理出了37卷书籍，囊括了人类知识的各个分支，从神学到农业，甚至还包括魔术。文学著作在他的藏书中占据着重要的位置：奥维德、但丁、彼特拉克、波吉奥、菲列尔福、布尔基耶洛、普尔契。哲学与诗歌的书籍数量相仿，另外还不乏宗教与道德的书籍，如《圣经》《诗篇》《伊索寓言》《美德之花》。再加上算术、天文、医学、解剖学、农业、军事等方面的书籍。自然科学的藏书比例也不少。他在精密科学方面有着过人天赋。他很重视人的判断力，认为“判断力落后于技艺的人是无能的，判断力超越手艺的人才走在追求完美的道路上”。他特别喜欢到阿尔卑斯山附近作短途旅行，他在那里积累了地理学、水力学、博物学、地质学、气象学，甚至与艺术相关的知识。他先后研究了几何学、力学与天文学。滑翔是达·芬奇在几何学与天文学方面研究的主要课题。他还在机械学、物理学、力学和蒸汽机发明上有重要贡献。关于地球运动的理论比哥白尼提出还要早。在物理学方面他涉猎的课题十分广泛，涵盖了重力、平衡、压缩性、弹力、热效应、熔解、膨胀、热辐射、光学、声学、磁学等，在每一个领域，他都提出过有力的定义和清晰的概括。声学的研究为他提供了回声和振动实验的材料。他注意到，敲击一个钟会使其他相似的钟产生共振：“当鲁特琴的一根琴弦被拨动时，它会引起另一个鲁特琴相同音调琴弦的振动，你可以放一根稻草在琴弦上观察。”他的这些想法和观察，比伽利略、梅森等科学家还早了一个多世纪。他提出的一个接受远处声音的方法与我们现代的“土电话”非常相似：“当船停航时，把一根长管的一端插入水中，另一端放在耳旁，便能听到远处船舶的声音。用同样的方法在陆地上也可听到远处发出的声音。”他在解剖学、植物学和地质学方面造诣颇深。他还认识到“运动乃生命之源”。达·芬奇发现：树木朝南的部分比朝北的部分更加生机勃勃；树干或树枝横切面的同心圆环数目即为树龄，而这些圆环的宽度则显示了它们所对应的年份是干旱还是湿润；从年轮还能看出树枝生长的朝向，假如北侧的年轮间距比南侧的要宽，那么树干的中心就比较接近南侧。除了研究科学理论，达·芬奇还发明了实际应用的工具，如运输工具、运河的船闸、中心可移动的简易罗盘、用于牵拉和扭拧绳索的工具和机器。他一人扮演了理论家、机械发明家和工程师的不同角色。他在青年时期就已制定了一项计划，连通佛罗伦萨和比萨的运河。他的建议并非为阿尔诺河进行筑堤与疏浚工程（后来为维维亚尼所实施），而是开凿一条独立的运河。这条运河从阿尔诺河出发，横穿普拉托、皮斯托亚、塞拉瓦莱和塞斯托湖。他还研究了给运河供水的方法、开凿的成本以及处理支流的模式。在达·芬奇身上，“亚里士多德的科学与菲迪亚斯的艺术融为一体”。在“从艺育人”的过程中，廖炯模先生十分重视跨学科视野的拓展。

2. 悉心总结艺术实践，遵循规律

廖炯模先生十分支持电视台制作专题节目，及时总结创作与教学的经验。每次做专题片，他都高度重视，花几天时间认真准备，尽量考虑周全，使专题片顺利拍摄。

在这次比较系统的深度采访中，我提出“希望廖先生能总结一下

多年来‘作画方法与步骤’”。廖先生找出了当年为学生编写的油印的讲义，上面以画水粉画为例，详尽地加以叙述：水粉画的应用范围与表现形式既广又多，作画方法有许多差别。如装饰性水粉与绘画性水粉，前者强调平匀与纯净，无论在形体的塑造与色彩的配置方面，或空间与光影的处理上都不一样，因此与绘画性水粉的写实技法差别很大，方法步骤自然也大有不同。再则画幅的大小，时间的快慢，每个人的操作习惯和实践经验，都不雷同，步骤与方法，自然也不一样。这里只能谈谈基本的方法与步骤。

首先是起稿：

构图确定之后，先用铅笔或炭笔起稿。轮廓及形象特征要力求准确，这对于下面的几个步骤影响很大。对于初学者来说，素描稿没打好就急于着色，往往容易造成不堪收拾的后果。因此要耐心地反复研究与推敲物体的大小比例、姿态、律动、体积结构等等，接着要分析一下体面的透视关系。这是造型艺术的一项重要课题，而这课题必须在起稿时得到解决，否则就不能画出物体的透视变化，不仅要影响到物体本身的立体感，而且要影响到物体与物体之间的空间感。这将给后来的着色带来很大麻烦。

意在笔先。打稿之前，应先有腹稿，而打稿过程则是加强腹稿的过程，使你在只有上下、左右这有限的两度空间里去表现上下、左右、前后这无限的有三度空间的客观世界（尽管不是全部，而是一角，或甚至是个别的物体）时，心中对所要表现对象的主要的本质的东西，有比较明确的认识，这样才能使你在作画的过程中，一直站在主动的支配者的地位，而不会被非主要的偶然的现象所影响和左右。我们在打稿的时候，要尽量去掉那些枝节的、非本质的、次要的东西。关键的地方，主要的本质的东西却要紧紧抓住。譬如画人物，首先要抓住对象的思想感情、动态和形象特征，而不是过分注目于对象衣纹的疏密或纽扣的数目等，至于静物画、风景画也都同样，在起稿时就应分出主从关系，并贯彻于始终。

然后是用颜色定稿：

这一步是为了加强第一步骤，要素略同。可以借助工具的方便，画出大的形体关系和明暗关系，用色应该积极活泼，符合物体的变化和情调，譬如画苹果、梨、青菜、衬布等最好不用一种颜色打底，而是分别用接近于物体本身色调的颜色加一点补色打底。如用红加一点绿画苹果，黄加一点紫画梨，黄绿加一点红紫画青菜，蓝加一点橙色画衬布。我们知道，互为补色的二色相调都要发灰，但由于是不等量的相加，故色彩仍然保护较明显的倾向性。这样打出来的稿，既沉着又有变化，而且与物体的色调比较吻合，便于下一步着色。即使是颜色上得厚一点也不影响。有的人喜欢用对比色起稿，如用绿画苹果，紫画梨，红紫画青菜，橙画衬布，这是利用了水粉的性能和特点，又利用了色彩的补色关系而采取的一种手段，运用巧妙，仍然会取得良好的效果。因为水粉既可遮盖又可露底，同时还可以与底色混合，根据不同情况采取不同的手法，这是水粉的灵活性，也是它的优越性。打底的色彩没有硬性的规定。每个人都可根据自己的习惯和需要，用不同颜色打底子。有时又因画面情调的需要，只用一种色打稿。例如太阳初升的时候，红光普照天下，这时只要用接近于这个情调的红色打稿即可。当然也可与其补色同时并用。

打底的色由薄到厚为宜，薄了便于修改、遮盖或涤除。比较肯定的地方，色彩可以准确一些，也可以厚重一些。

这个步骤要观察物体的色彩关系。用色彩塑造形体，从这个时候就已经开始。虽然是打底子，但却是着色的前奏，应该埋下各种色彩伏笔，以便在着色时，“演奏出美妙和曲调来”。

最后是着色：

由于水粉工具的特点，着色比较随意，对着色层次、先后、主次、厚薄等要求不像水彩那样严格，有的从远景画起，有的从中景、近景开始，有先画主要物体的，也有先画画面上起主要色彩作用的地方，有的从暗部到亮部，有的从亮部到暗部，有的从中间调子开始，往两极发展，……方法之多不一而足。但在运用的时候，主要是根据画面的要求和目的来选择，有的只用一种方法，有的则交叉用两种或三种方法；不要非从远到近，或非从近到远，而是从画面上色彩的面积大小与补色的原理来定先后。每一幅画都有不同的目的、要求，不同的矛盾关系，因此要灵活运用，不能硬性规定某种方法。

暗部与亮部从何开始，有三种方法：第一，从亮部开始——中间色调——暗部；第二，从暗部开始——中间色调——亮部；第三，从中间调子开始，向两极（深浅）发展。

从亮部画起，接近水彩法（水彩亦非全从亮部画起），益少弊多，一般不采用，个别地方偶而用之，故不作介绍。

从暗部开始，一般来说，对初学者较适用。因为从暗部开始，不容易走形，比较有把握，初学者画水粉画，走了形，很难收拾，其结果不是把画弄脏，就是堆积一些不能说明问题的颜料。此法有些类似油画法，先从最暗的地方着手，但不是一次固定，然后画中间调子，逐渐往亮里画，最后提高光以臻完成。画暗部的时候，要特别注意控制白粉，一般是不用或少用，而在最暗部，应该忌用，否则就要影响画面的黑白灰关系。当然这里有一个调子的高低问题，假设整张画面的调子很高，暗部并不太暗，自然也可以使用白粉，只要不影响其明暗调子的对比关系，甚至可用很多的白粉。这相对而言，如音乐上同一个调子提高八度来唱，那么后者的最低音也比前者的最高音高一度一样，此理是相通的。

画暗部不能画太暗、太死，既要暗，又要透明。所以也不能画太厚。

其明、暗，寒、暖要与环境背景、影子联系对照起来画。要知道暗部（物体的阴面）再暗，一般总是比其影子亮一些的。常有人对此有模糊观念，或将两者混为一谈，或将其关系颠倒过来。实际上它们是既有联系又有区别的，有光则有阴，有阴必有影。在一般情况下，光强则影实，光弱则影虚。影比阴重，而假设光源是暖色，则影比阴亦寒。因阴面受反光比影子强之故（条件：假设物体与环境的固有色相同）。若将暗部画得太重或与影子同样深，那就势必要影响物体的光感和空间感，使其变成与环境没有联系的孤立之物了。但也有阴比影重，或阴与影明暗相同的情况。如在特定的场合下，由于光线的角度和环境色光的反射，或者影子距离物体太远，都有可能产生以上现象。因此，要对具体情况进行具体的分析，切忌固定地看问题。

还有一种“没有影子”的光线，如医院里的“无影灯光”与阴天里的太阳光。实际上它们也不是真正的无影。在这种光线下面物体没有明显的影子，也没有明显的阴面，但不能说没有影子，是阴影都模糊不清罢了。“有光必有阴影”的道理是不能违背的，要知道阴影是由于物体周围各方面的光线强弱不均所造成的，即物体某一方面射来的光强于另一方面，则光线弱的一面就会产生阴影；而倘若物体周围各方面射来的光线都一样强的话，那么物体也就不会有什么阴影了。通常是很难遇到这种情形的。

“无影灯光”及阴天的阳光，光线极其微弱，所以物体呈现阴影关系（包括调子的明暗和色彩的寒暖）也就极其微弱与模糊，而物体的固有色却反而鲜明与突出了。

物体暗部（阴面）越大，刻画它的重要性就越大，在逆光的情况下，暗部几乎等于全张画。如能很好地完成这一部分作业，实际上就等于很好地完成这一张画一样。因此，对暗部的刻画，要根据光的角度，阴、暗面的比例，安排自己的时间和精力。在一般情况下，亮部的色彩总是比较单纯的，明显的（被高光漂白例外），暗部则比较复杂和微妙，因而是比较难表现的。画面上光色效果的佳劣，往往取决于暗部调子处理得得法与否，当然对此也要辩证地看待。

再谈谈中间调子。实际上，明暗系统，各有自己的中间调子。一张照片，我们评价它的好坏，除了是否充分体现了这个人的精神面貌、形象特征之外，还要看黑白灰是否分明，中间调子是否丰富。凡是好的，黑白灰一定分明，中间调子必定丰富。而反差太强的，则相反。只有黑白，而无灰色，亦即缺乏中间调子。因此，着色的时候要特别注意观察和分析，表现时要使明暗、寒暖都过渡得自然，变化得柔和，避免生硬、简单。这一部分处理得法，画面就会出现丰富的调子和层次，黑白灰才能鲜明。中间调子基本画完之后，就可以画亮色和高光，然后进行调整、加工。

从中间调子开始，向两极（深浅）发展。了解了中间调子的作用之后，就不难明了这个画法。就是一开头，可以找出大的明暗关系，然后画两个系统里的中间调子，互相对照明暗和寒暖，各向两极（深浅）过渡。过渡得越充分，越细腻，暗系统的中间调子与明系统的中间调子过渡得越自然，则画面越接近完成。最后，点极暗部分和高光，画面就基本完成。实际上，一张画也好，物体的实际情况也好，最亮和最暗的部分是很少的，大部分均为中间调子。

水粉画虽然遮盖力较强，但亮色盖暗色比暗色盖亮色来得容易，因此着色时，宁可画得稍重为好，不要随便滥用白粉致使画面苍白无色。

要重视“整体入手，局部完成”。水粉画涂改较难，尤其是需要晕涂接的物体更是如此。整体是个观念，这个观念要贯彻作画始终，而具体操作，避免不了要从局部开始。在刻画局部时，要特别注意与整体的关系。如果个别物体在调子的明暗与色彩的寒暖上僭越越自己的位置与比重，那就一定会破坏整体的关系。因此，在局部完成的时候如有把握，可以画到十成，一次完成，如无把握可以画八九成，等全幅画面都铺完，然后再从整体的角度来加以调整和删补，加强没有画到的地方，削弱画过分的地方。最后达到既有生动、深刻的局部，又有协调完美的整体的效果。

要“从薄到厚”。水粉画得太厚不易修改，且容易干裂脱落，故画时要从薄的开始，随着塑造的需要，逐渐加厚。有些地方，薄的能解决问题就不必用厚的，如暗处、虚处、远处等等。薄可以吸取水彩的重置法，厚可以吸取油画的并置法，因为二色相混与二色重置或二色并置的效果，有很大差别。但要注意补色的原理与作用。厚色并置，往往可以一笔蘸几色在画面上调配，边调边画，可以使色彩得到生动、鲜明的效果。

从科学的观点来看，着色应该是对照着进行最为合理。无论明暗与寒暖、远近与虚实，或整体与局部、对比与协调等各种因素都应同时在对比中并进，因为矛盾的双方均以对方的存在为依据，相辅相成。不了解亮部寒到什么程度，就不知暗部暖到什么程度，不知虚就不知实，……只从一种因素或一个方面去观察和表现，都不能解决矛盾，也不能很好完成绘画工作。富有实践经验的人作画，往往不受上述方法步骤的约束，看起来是无法，实则是有法，这个法就是全面看问题的方法。

关于油画和水彩画的性能和特点，目前出版的著作和技法书比较多，我向廖炯模先生提出：能不能把长期以来他谙熟的“水粉画的性能与特点”作一详尽介绍，他欣然作答。他说，水粉画是色彩画的一种。它的遮盖能力很强，像油画，而溶水作画，则和水彩相似，效果上也如此。粉多水少就像油画，粉少水多就像水彩。它兼有油画和水彩画的优缺点。既难达到油画那样深邃和浑厚，又缺乏水彩画那样的透明和清爽；然而它的遮盖力是水彩画所不具有的，而渲染的功能却又远非油画可比。

当然水粉在处理大面积均匀的色块方面和粗细画种应用上的广泛性方面，以及色彩的鲜艳、瑰丽、柔润与饱满方面，则往往比油画和水彩更具有优越性。

水粉颜料本身虽含有少量的甘油和薄树胶，但黏着力不很强，尤其调水之后，油与胶被冲淡，黏着力就更弱了，因此不能画得像油画那样厚。太厚了，干后容易龟裂而脱落。但也不能画得太薄。太薄了，则显得不够厚实而觉轻飘。比较理想的是厚薄均匀，干湿适度，这样才能充分发挥水粉画本身的优点和长处，而避免自己的缺点和短处。

关于水粉画的技法，有种种说法，这是由于每个人在不同工作岗位上，都有自己的实践经验和体会，另外在创作与写生时运用的技法亦有差别，绘画性与装饰性画法也不同，这里谈的只是水粉的一般性能与特点。能运用这些性能与特点，那么掌握技法也就不难了。

下面谈谈水粉画干湿画法的特点与应用范围。水粉画不外乎干画法和湿画法两种，而这两种画法经常是同时交替使用的。就是说画时水有多有少，粉有厚有薄，干湿并蓄，相辅相成。这两者是相辅相成的，但为了便于说明问题，下面把它们分开来谈。

干画法，顾名思义，就是水少粉多的意思，这种画法及效果都有点像油画，对于练习色彩收效较大。干画法虽然运笔比较涩滞，而且呈枯干状，但比较具体和结实，适合于表现肯定的与明显的形体与色彩。如凹凸分明、色彩清晰的地方与物体，多采用此法。这种画法非常注重落笔，因为每一笔都代表一定的形体和色彩。因此观察和分析要细致，调色和落笔要力求肯定、准确，不能马虎含混。此法在表现亮部和高光时，都是用白粉来提亮的。

湿画法，此法与干画法相反，用水多，用粉少。画法与效果有点像水彩。其色彩效果不如干画法。因为水粉的粒子粗，虽然薄涂，但终不如水彩那样透明，所以没有水彩画那样明快爽朗的效果。层次多了更容易发灰。但这种画法运笔流畅，效果滋润柔和，如渲染得当，形体和色彩可以结合得比较匀净含蓄与柔和。但容易犯结构松懈而呈若隐若现和似是而非的效果。这种方法适用于交界不清、转折缓虚的地方，如雨云棉花之类形体不太明显的物象。涂抹次数不宜过多，有如水彩，局部更以一次完成为佳。要修改的部位，最好全部润湿，避免加色时衔接不上。此法在表现亮部和高光时，也可利用纸的白色而得。

干画法与湿画法的特点与应用范围，基本如上所述，但有些地方必须说明：干法与湿法的分野，基本以画笔含水量的多少来决定。一般人认为用粉多了，画得厚了，就是干画法，这比较好理解。但也不尽然，因为粉多必须是水少，干画法才能成立，如果粉多，水也多，那就不一定是干画法了。反过来说，认为粉少画得薄了，就是湿画法，也不确切，因为也必须是在水多的情况下，才可称为湿画法，否则粉少水也少还是干画法，这种画法和水彩的干画法是同义的。干画法，可以说有粉多的干画法和粉少的干画法。

湿画法也有粉多的湿画法与粉少的湿画法。但不管干也好湿也好，仍然以粉多为佳，才不失水粉画的特点。因为粉少的干画法和湿画法与水彩画的干湿法同义，但其效果既无水彩的透明与轻快感觉又没有粉多的干湿画法所特有的饱和、均匀和厚实的感觉，因此益少弊多，不宜广用。

水粉在干、湿时因反光度强弱会引起深浅假象，如果说水粉画“难”画，那么这就是其中的一个重要因素。水粉在干时与湿时，呈现不同的深浅感觉。这种感觉是一种假象，对于这种假象即使有些经验的人也往往不能识破，因此，初学者就更应该当心和留意了。比如平涂一块同一明度的色。用清水将其半边弄湿，则出现深浅不同的两块色来。有经验的人知道干了以后仍然可以还原，而缺乏经验者，则往往在湿处加白或在干处加色来统一明暗，等全部干了之后，才看出问题来。

若在改画时，问题就更加复杂，因为这时就不是单纯的用清水弄湿画面，而是用含有寒暖色彩的颜料加水来涂改画面，因此要求的因素就不仅是色阶的明度，而且要求注意色彩的寒暖在干后的对比关系上（与没有弄湿的，即没有涂改的部分的对比）是否适当，是否达到预计的效果。这种情况，在作画的过程中，会经常遇到。因为绘画过程中铺第一次色，往往是试探性的，它的色阶与色相（即明暗与寒暖）以及形体结构都很难一次准确与肯定，重画与修改是难免的，这也是正常作画的程序。如果对于水粉的这一性能认识不足，把握不好，就往往会在作画过程中（重画与修改的过程中）宣告失败，甚至将原来较好的绘画效果破坏殆尽，以致于失去画好这幅画的信心。这种现象屡见不鲜，也是初学者对水粉画产生畏难的重要原因之一。

要认识白粉（白色）在水粉画中的地位和作用。与油画的白色同义，起加光调配作用。白色用多了，画面上明度过强，容易显得贫血无色；太少，色的纯度过于饱和，容易显得晦暗。因此，在某种程度上讲，白色就是光，主宰画面的明暗（露纸白的方法例外）。倘若到处乱用白，就好像到处乱射光一样，会破坏物体的明暗关系。故必须严加控制，并善于驾驭。该少用时就少用，该多用时就大胆使用。一般来说，最暗处与色彩饱和处应忌用，否则就容易弄灰画面，以至不可收拾。因为明暗关系是对比出来的，暗的不暗，明的不明，深浅无对比，画面就一片灰。当然，没有白色作调剂，水粉画就不能制作，对于干画法尤其如此。有了它，才有丰富的色彩明暗对比与变化。

水粉在湿时显得深，干后变得浅，这是通常要遇到的问题。但这与白粉的多少也有一定关系，假使白粉少，与他色分量相差悬殊，且画的时候水分很多，这时容易出现与前说相反的现象，湿时浅，而干后深。原因是有的白粉浮力大于他色，湿时游浮在表面，遮住了他色。而随着水分的蒸发和被吸收，这些浮在表面的少量白粉也就逐渐为量多的他色所吸收和溶合，与此同时显出他色的色彩来，倘若他色是深色，这种现象尤为明显。因此要把干湿时反光度强弱的问题同白粉的多寡联系起来才能摸索出干湿时深浅假象的规律性来。

3. 热心于文化事业，坦诚执着

廖炯模先生十分关注上海文化事业的发展，他在海上扬起璀璨的视觉风帆，并把“从艺育人”置于上海文化事业的发展之中。记得1996年，上海图书馆的新馆建设正在紧张、有序地推进之中。我们在新馆建设工地的简易工棚中，请来了上海市文化艺术和建筑设计等领域的专家为上海图书馆新馆建设献计献策。廖炯模先生也到了。我们向专家介绍了上海图书馆新馆以人为本，以书会友，以图情事业体制及其运行机制的改革赢得弥足珍贵的发展空间，以书海文明的深层蕴藏和高科技的强有力支撑，凝聚新的东西方智慧，集散穿梭于知识殿堂的人流、物流和跨越时空的信息流。上海图书馆与上海科学技术情报研究所合并，图情并轨，体制改革，迎来了新的发展机遇。上海图书馆新馆发展的逻辑起点与上海建成国际经济、金融、贸易、航运中心的奋斗目标相一致，与确立上海国际经济中心城市的地位相一致，与上海继续探索具有中国特色、时代特征、特大城市特点的发展新路相一致，与上海物质文明建设和精神文明建设紧密结合、实施科教兴市战略的总体思路相一致。上海图书馆新馆的目标定向是“国内先进、世界一流”，其主要内涵是：基本形成重视图书文献资源的配置、具有世界先进水平、可持续发展的中心图书馆格局，基本形成文化积淀和教育功能、信息集散的枢纽功能、信息加工的增值功能、信息营销的市场功能的多功能定位，基本形成为上海改革开放、经济建设和社会发展提供各种图书文献和专题信息的图情网络，基本形成以信息资源网络化为主体的上海信息港的枢纽之一，基本形成国内外有影响的图书情报研究中心，基本形成以促进人的全面发展为重心的精神文明建设的重要基地。上海图书馆新馆以一流的设施和服务跻身于世界图书馆的先进行列，瑰丽的文化风景将涵盖人类知识演进史上的过去和未来、城市文化积淀过程中的广博和专一、文化与科技交相辉映中的激荡与互补。廖炯模先生对上海图书馆新馆建设出谋划策，在文化工程的百年大计、建筑设计的文化含量、城市标志性建筑的视觉艺术和公共阅览服务的文明形象等方面提出了真知灼见。廖先生还专门为上海图书馆新馆开馆纪念图册题了字。1999 年 3 月，我到上海博物馆担任管理工作以后，在上海博物馆的各项展览文化活动中都得到廖先生的支持和参与。在“大英博物馆藏古埃及艺术珍品展”“晋唐宋元书画国宝展”“淳化阁帖最善本特展”“周秦汉唐文明大展”“18、19 世纪法国马赛艺术展”“书画经典：故宫博物院上海博物馆中国古代书画藏品展”“中日书法珍品展”“从塞尚到波洛克：纽约现代艺术博物馆藏绘画名作展”“艺术与帝国：大英博物馆藏亚述珍品展”“美国艺术 300 年：适应与革新”“从提香到戈雅：普拉多博物馆藏艺术珍品展”“伦勃朗与黄金时代：荷兰阿姆斯特丹国立博物馆珍藏展”“世貌风情：中国古代人物画精品展”“南陈北崔：故宫博物院、上海博物馆藏陈洪绶、崔子忠书画展”“意大利乌菲齐博物馆珍藏展：15 世纪—20 世纪”“千年丹青——日本中国藏唐宋元绘画珍品展”“南宗正脉：上海博物馆藏娄东画派艺术展”和“翰墨荟萃：美国收藏中国五代宋元书画珍品展”等一系列大展活动中，廖先生都影随大展，智融上博。由于工作关系，我在上海市人大、市政协、上海市文化广播影视管理局、上海大学美术学院和中国 2010 年上海世博会的工作中，与廖炯模先生有频繁的接触交往，对廖先生热心于上海文化事业的发展所识所为，深为感动。

我与廖炯模先生的接触交往，不限于大的文化活动，在“亦师亦友”

活动和日常写生中，我们交流甚密。从“亦师亦友”活动开创、筹备之始，我就参与其中，和赖礼庠、陈逸鸣、徐伟德先生一起以“亦师亦友”的交友方式，以艺会友，从艺创作。廖先生深情地说：在我们沪上美术界，涌现出“亦师亦友”这样一个富有激情的美术群体，他们既是朋友知己，同时也是相互学习借鉴的老师。在经历过去艰苦的岁月后，逐渐在油画史上为上海争得了一席之地。在我们上海美术界很少有这样一个团队，是非常难得和有益的，展示了这个由侨界油画家联谊会会员组成的创作群体的油画艺术成就。希望侨界油画家联谊会能为这个领域注入新鲜的血液和活力，发扬海派绘画传统及其文化精神，扬长避短，可持续发展，携起手来共推艺术发展。廖先生积极参加每年“亦师亦友”的年展和各类主题展览及各种文化考察活动，坦诚待人，提携后人。在“亦师亦友”这样的艺术氛围之中，我们感受到了友情的文化力量、艺术的激励活力。我曾写了《以艺相会　亦师亦友》，真实地记录了这种真切的感悟：“亦师亦友”已成为一个品牌。艺事活动的组织不易，办一个有影响的展览更为不易，要养育一个相关的文化品牌当然越发困难。然而“亦师亦友”的展览倡议一经提出，得到了艺术家们的积极响应、热情支持和悉心关爱，群体不断充实，展览接二连三，图录精心编辑，交流突破申城。“亦师亦友”之所以能够很快成为一个品牌，可能是关注了“亦师亦友”的久违，顺应了“师生情谊”的呼唤，搭建了“其艺有绪、其风雅集、其乐融融”的平台。“亦师亦友”，反映了连接传承、交流艺术、凝聚人文的一段历史。以“亦师亦友”作为共识的艺术家们，自觉地走到一起，十分珍爱以这种方式书写历史，认真遵循“亦师亦友”“为友提供智力支持，为艺融入创作激情”的思想轨迹，努力建构“亦师亦友”“感恩历史、敬畏艺术、崇尚文化自觉”的艺术氛围。“亦师亦友”，是艺术家新型人际关系和创作方式的一种倡导。在“亦师亦友”的艺术群体中，师承被传为美谈，交流成为一种风景，勤勉伴随着激励，创作反映着互动。如果把亦师亦友作为一种尊师，那么师生友爱、情智相长将成为艺事常态；如果把亦师亦友作为一种交友方式，那么以艺会友、艺友相融将成为艺群清风；如果把亦师亦友作为一种艺坛风尚，那么创作勃发、文艺复兴将汇入新的能量。“亦师亦友”从历史的岁月中走来，必将一路璀璨，挺然走向未来的春秋。在“亦师亦友”的群体中，廖先生以自己的言行受到大家的尊重。我也有过这样的感慨：尊师敬老是永恒的主题！我写下了这样的文字：曾经在美国大西洋的海边与孔柏基先生一起写生，在上海虹桥廖炯模先生的寓所与他畅谈艺术人生，在沪上青浦张自申先生的画室观赏他的油画创作……在“亦师亦友”的艺术家群体中，年长的画家受到尊重，心情愉悦，创作甚丰，在艺术和学术上带领着整个团队，在“亦师亦友”的文化生态中凸显着艺术自觉和文化自信。老人是一座知识宝库，老艺术家有丰富的艺术经历和宝贵的文化积累，是一种深沉的、成熟的艺术活力。在“亦师亦友”中，尊师敬老是一种庄严的承诺，尊师敬老是永恒的主题。

廖炯模先生的文化热情体现在方方面面，哪怕是集体的写生交流和展览活动。早在 1978 年，上海画家赖礼痒、凌启宁等曾赴柳州，在设计美术班上授课，结下了两地艺术交流情缘。为续友情，柳州艺术家专赴上海，走访采访上海艺术家，在上海博物馆、虹桥当代艺术馆参观考察，在画室说文谈艺，共商两地画家广西写艺事和 2013 年初夏、深秋在柳州、上海先后举办两个艺术交流展。廖先生热情投入，积极参与。在广西，廖先生不顾年事已高，廖师母也忙前忙后。艺术家们努力创作，原来准备好的画布、油画颜料多次告罄，广西同行源源不断地送来，以继后续。最有情趣的写生之日是三江采风，细雨濛濛，田地飘渺，多情最是茫茫雨，画家挥笔醉凉爽。最难忘怀的采风之景是兴坪作画，那天艺术家们独居小楼，临台倚窗，面对诗境，尽情写生。在走廊过道里，摆出了一幅幅已完成的作品，连成了一道美丽的南国风情。最值得记取的不眠之夜是龙胜之夜，那晚挥毫泼墨，激情四起，廖炯模先生到晚上十一二点还在大厅里挑灯创作，赢得阵阵喝采。最有意义的是那天与广西同行和百姓同桌晚餐，廖先生引亢高歌，那迷人的男高音在广场上久久回荡……在柳州博物馆，上海艺术家带去了作品，和广西朋友共同举办“亦师亦友，上海柳州——两地艺术名家作品展”。回沪后，两地艺术家的写生作品又集体展示，举办了“上海·广西著名艺术家作品交流展”，廖先生的《新渔村》《村口》和《野》等作品亮丽展示。时至今日，我们还深深怀念三江的吊脚楼、百家饭、服饰丽、山歌美，“春如梦，夏如滴，秋如醉，冬如玉”；龙胜的梯田风光、南国情调；桂林、兴坪的云雾氤氲、婀娜多姿、霞载渔归、魂景相依……

在上海的文化艺术界，廖炯模先生还关爱着老艺术家。他会以各种方式关怀他人。他以人文之情、感恩之心，真切关怀，乐于助人，甚至在为文化艺术界的老人送行之际，也会以一手好字，送上告别大厅的挽联。当年，廖先生为贺绿汀先生写了，2016 年又为贺友直先生写了。1949 年，贺友直先生第一次接触连环画，以一本自编自绘的连环画《福贵》进入连环画圈，从此再也没有离开。1952 年，贺友直先生到上海新美术出版社工作，1956 年并入上海人民美术出版社。在不到 10 年的时间里，贺友直先生凭借惊人的天赋和勤奋，绘画技艺突飞猛进，逐渐形成了自己的独特风格，画出了《山乡巨变》《火车上的战斗》《李双双》等数十本连环画。特别是《山乡巨变》，成为贺友直先生连环画创作的一个转折点和飞跃，成为中国连坛佳话。在这些作品中，贺友直先生的艺术观和独特的艺术样式得到充分而完美的体现。也让贺友直先生本人成为中央美术学院历史上继齐白石先生之后，没有专业文凭而被聘为教授的第二位画家。在贺友直先生的告别大厅里的挽联是廖炯模先生书写的，他以遒劲的大字写下：“翰墨游丝描摹世间百态艺臻画坛一代宗师；陋室绍酿尽显率真淡泊德馨华夏流芳百世。”

“日月之行，若出其中。星汉灿烂，若出其里。”我们深深地沉浸在对廖炯模先生艺术人生的文化思考之中。